Benjamin Werk

Vergleichende Evaluation sympathikolytischer Muskelübungen anhand psychometrischer und physiologischer Variablen

Eine Wirksamkeitsstudie zur Vagusmeditation nach Schnack

Bibliografische Information der Deutschen Nationalbibliothek:
Die Deutsche Nationalbibliothek verzeichnet diese Publikation
in der Deutschen Nationalbibliografie; detaillierte bibliografische
Daten sind im Internet über https://dnb.dnb.de abrufbar.

© 2016 Benjamin Werk

Herstellung und Verlag:
BoD – Books on Demand, Norderstedt

ISBN 978-3-7431-6602-8

Für Manuel

Inhalt

Abstract — V

Hintergrund des Forschungsinteresses — 1

Zur Stressreaktion — 2

    Das Allgemeine Adaptations-Syndrom nach Hans Selye — 2

    Das Transaktionale Modell nach Richard S. Lazarus — 6

    Zusammenfassung — 10

Zur Entspannungsreaktion — 11

Psychologische Charakteristika einer Entspannungsreaktion — 12

    Emotionale Aspekte — 12

    arousal und Aufmerksamkeit — 15

    Modulation der Wahrnehmung — 16

    Zusammenfassung — 17

Physiologische Charakteristika einer Entspannungsreaktion — 18

    Neuromuskuläre Veränderungen – EMG — 18

    Veränderungen der elektrodermalen Aktivität – GSR — 18

    Veränderungen der Durchblutung – periphere Körpertemperatur — 18

    Veränderungen von Herztätigkeit und Blutdruck – EKG und RR — 18

    Veränderungen der Atmung – Atemfrequenz und -volumen — 19

    Veränderungen der kortikalen Aktivität – EEG, MEG, fMRI etc. — 19

    Rolle des Autonomen Nervensystems — 19

Entspannungsverfahren	**21**
Autogenes Training	21
Biofeedback	22
Die Progressive Muskelrelaxation nach Edmund Jacobson	**24**
Die „Vagusmeditation" nach Gerd Schnack	**27**
Untersuchung von Entspannungsverfahren	**31**
Psychologische Maße	31
Physiologische Maße	33
Erfassung hirnelektrischer Aktivität mittels Elektroenzephalographie	**34**
Entstehung des aufzuzeichnenden Signals	34
Interpretation der α-Aktivität	36
Ableitung des EEG	37
Artefakte im EEG	40
Auswertung des EEG	41
Methode	**42**
Hypothesen	42
Variablen	43
Treatment – Auswahl der Techniken	47
Design	48
Stichprobe	49
Versuchsablauf	49
Auswertung	**52**
Datenaufbereitung	52
Statistische Prämissen	53

Ergebnisse	**55**
α-Power bei geschlossenen Augen	55
α-Power-Vergleich zwischen Messungen mit geschlossenen und geöffneten Augen	56
Mittelwerte der FEW16-Gesamtskala	57
Mittelwerte der FEW16-Subskala „Innere Ruhe"	58
Überprüfung der Hypothesen	59
Diskussion	**61**
Fazit und Ausblick	**64**

Verzeichnisse	
Literatur	65
Abbildungen	74
Abkürzungen	75
Anhang	76
Anhang	**76**
Danksagungen	**96**

Abstract

Given the fact, that stress-related disorders have constantly risen in the last years, strategies are necessary, which prevent the need of psycho- or pharmacotherapy. In the past, it could be proven, that relaxation techniques are an effective component of such strategies. By its use, a relaxation response can be induced, which seems to be the physiological counterpart of stress response. Emphasizing the essential role of nervus vagus within this context, Gerd Schnack proposed a set of techniques to stimulate vagal activity. It was the purpose of this study, to evaluate this approach. Therefore, "Vagusmeditation" was compared to Progressive Relaxation by psychological and physiological measures. Both techniques delivered significant results, whereas "Vagusmeditation" had higher effect sizes constantly. In this context, especially the interpretation of some physiological parameters remains as a matter of discussion, whereby further investigation is potentially needed.

Angesichts der Tatsache, dass die Anzahl dokumentierter Stressfolgeerscheinungen stetig im Wachsen begriffen ist, stellt sich die Frage nach Kompensationsstrategien, die der Notwendigkeit von Psycho- und Pharmakotherapie vorbeugen. Entspannungsverfahren haben sich in der Vergangenheit als wirksamer Bestandteil solcher Strategien erwiesen. Durch ihre Anwendung kann eine Entspannungsreaktion induziert werden, die das physiologische Gegenstück zur Stressreaktion darstellt. Gerd Schnack hat in 2012 ein Verfahren vorgeschlagen, welches die zentrale Rolle des Nervus vagus innerhalb dieses Geschehens betont, und die Stimulation vagaler Aktivität beabsichtigt. Ziel dieser Studie war es, die Wirksamkeit der „Vagusmeditation" nach Schnack zu evaluieren. Hierzu wurde sie anhand psychologischer und physiologischer Messergebnisse mit der Progressiven Muskelrelaxation nach Jacobson verglichen. Im Ergebnis wurden durch beide Verfahren signifikante Mittelwertsänderungen erzielt, die Effektstärke der Vagusmeditation war jedoch durchgehend ausgeprägter. Strittig bleibt in diesem Zusammenhang die Interpretation einiger physiologischer Parameter, wodurch gegebenenfalls weitere Untersuchungen notwendig sind.

Hintergrund des Forschungsinteresses

Die vorliegende Untersuchung hat eine vergleichende Wirksamkeitsüberprüfung zweier Entspannungsverfahren zum Ziel.

Ein Blick in die psychologischen Nachschlagewerke zeigt, dass Entspannungsverfahren nahezu ausschließlich im Kontext therapeutischer Indikationen bzw. unter kurativen Gesichtspunkten behandelt werden (Caspar, 2009, S. 264 f; Fröhlich, 2010, S. 167 f; Kazdin, 2000, S. 28 f; Schrader, 2004, S. 73). Eine allgemeine Zunahme vorläufig nicht behandlungswürdiger Stressreaktionen (Techniker Krankenkasse, 2013, S. 8; Wissenschaftliches Institut der Ortskrankenkassen, 2011, S. 3) rückt jedoch verstärkt präventive Funktionen von Entspannungsverfahren in den Mittelpunkt.

In der Arbeitswelt dominieren gegenwärtig Präventionsstrategien, die darauf abzielen, durch organisationale Veränderungen die Konfrontation mit Stressoren für Mitarbeiter zu minimieren (Mainka-Riedel, 2013, S. 218 ff.; Riechert, 2015, S. 108 ff.; Rudow, 2014, S. 320 ff.). Auch im Privatleben können problemfokussierte Strategien zunächst hilfreich sein. Ist eine Konfrontation mit dem Stressor jedoch unausweichlich, sind Handlungsalternativen erforderlich. An dieser Stelle können Entspannungsverfahren zum Einsatz kommen. Ihre Aufgabe ist es, Stressreaktionen zu minimieren und den gesundheitlichen Folgen von anhaltendem Disstress vorzubeugen.

Die Implementation einer Entspannungsroutine in den beruflichen und privaten Alltag kann jedoch wesentlich von der Effizienz der eingesetzten Verfahren abhängig sein.

Die folgende Untersuchung geht daher der Frage nach, inwiefern die „Vagusmeditation" nach Schnack einen Ansatz darstellt, der etablierten Verfahren diesbezüglich überlegen ist.

Zur Stressreaktion

Einleitend wurde eine Verbindung zwischen der Anwendung von Entspannungsverfahren und einem Phänomen hergestellt, welches gemeinhin als „Stress" bezeichnet wird. Zunächst sollen daher begriffliche Abgrenzungen und Grundlagen der Stressforschung eingeführt werden.

Dies ist umso wichtiger in Anbetracht der Tatsache, dass auch der Urheber des humanwissenschaftlichen Stressbegriffs, Hans Selye, bereits fünf Jahrzehnte nach seinen ersten Publikationen eine Rezeptionsgeschichte anerkennen musste, die weitgehend zur begrifflichen Einengung auf Phänomene des Disstress geführt hat (Selye, 1988, S. 61).

Das Allgemeine Adaptations-Syndrom nach Hans Selye

1936 postulierte Selye erstmals eine „unspezifische Reaktion des Körpers auf jede Anforderung, die an ihn gestellt wird" (ebd., S. 58) und bezeichnete die Reaktion als „Stress", die Anforderung als „Stressor" (ebd., S. 57). Durch dieses Postulat wurde die unspezifische Stress-Reaktion als eigenständiges Phänomen herausgestellt, das nicht in Zusammenhang zu den vom jeweiligen Stressor ebenfalls zu erwartenden spezifischen Effekten steht (ebd., S. 59). Seine empirische Vorgeschichte soll zunächst näher beleuchtet werden.

Selye macht bereits während seines Medizinstudiums die Entdeckung, dass Patienten mit den unterschiedlichsten Erkrankungen ein stereotypes „Syndrom des Krankseins schlechthin" (ebd., S. 67) aufweisen: unabhängig davon, ob ein Patient anämisch, infiziert oder von Krebs betroffen ist, kann Selye vergleichbare körperliche Reaktionen wie Appetit- und Gewichtsverlust, Einbuße der Muskelkraft, des allgemeinen Antriebs usw. dokumentieren.

Zehn Jahre später gelingt es ihm, ein experimentelles Gegenstück für seine Beobachtungen zu konstruieren. Er stellt fest, dass Versuchstiere auf unterschiedlichste Agenzien mit gleichartigen Organveränderungen reagieren. Unabhängig davon, ob es sich um experimentell vorgenommene Läsion, Intoxikation oder Infektion handelt, stellt sich eine Vergrößerung und übermäßige Tätigkeit der Nebennierenrinde, eine Atrophie der lymphatischen Organe und das Auftreten von Magen- und Darmgeschwüren ein (ebd., S. 69).

Selyes Annahme, dass es sich bei diesen Phänomenen um eine allgemeine „Stresstrias" handelt, beruht jedoch nicht ausschließlich auf Beobachtungen an Labortieren. Ihm liegen die Berichte von Medizinern vor, die akut aufgetretene Magen-Darm-Geschwüre sowohl bei Patienten mit großflächigen Hautverbrennungen festgestellt hatten, als auch bei solchen, die unter postoperativen Infektionen litten (ebd., S. 76). Außerdem ist nach Selyes Kenntnis die Beobachtung einer „akzidentellen Thymusatrophie" bei Krankheit bereits anerkannter Bestandteil der medizinischen Fachliteratur (ebd., S. 77). Er fasst seine Erkenntnisse daher als auf den Menschen verallgemeinerbar auf und stellt durch weitere Versuche fest, dass das Auftreten der Stresstrias in einem konstanten Ablauf erfolgt.

Diesen Ablauf schildert Selye in einer ersten Publikation als „A Syndrome produced by Diverse Nocuous Agents" unter Bezugnahme auf detaillierte Zeitangaben (Selye, 1936, S. 32). Sie ermöglichen die Gruppierung der Symptome in drei grundlegende Stadien. Die folgende Abbildung veranschaulicht dies.

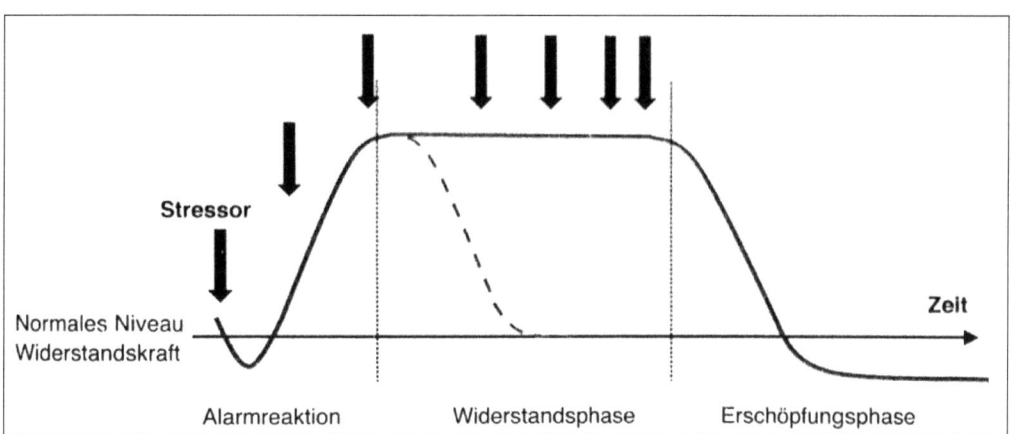

Abbildung 1: Stadien des Allgemeinen Adaptationssyndroms nach Selye (Heinrichs, Stächele & Domes, 2015, S. 23)

6 – 48 Stunden nach der Konfrontation mit einem Stressor zeigt der Organismus eine Fülle von Reaktionen, unter anderem die bereits erwähnte Atrophie von Thymus und lymphatischen Organen, sowie das Auftreten von Magen- und Darmgeschwüren. Selye wertet diese als „Alarmreaktionen". Die allgemeine Widerstandskraft unterschreitet dabei vorübergehend ihr normales Niveau. Im Anschluss wächst sie rasch an. Endet die Konfrontation mit

dem Stressor innerhalb dieses Zeitraums, sinkt sie wieder auf Normallevel (Selye, 1936, S. 32).

Hält die Konfrontation dagegen weiter an, folgt nach 48 Stunden eine Phase ausgeprägter Widerstandsfähigkeit gegen den Stressor. In diesem Stadium tritt der Thymus gemeinsam mit dem Nebennierenorgan in eine Hyperplasie über, die zu entsprechend vermehrter Sekretion von Thymuspeptiden, Glukokortikoiden und Katecholaminen führt, sowie der damit verbundenen Aktivierung und Immunisierung. Als Resultat bildet der Organismus im späteren Verlauf dieser Phase eine derartige Resistenz aus, dass sich die Organe in Erscheinung und Funktion wieder zurückbilden, während die Widerstandskraft erhalten bleibt (ebd.)

Nach 1 – 3 Monaten anhaltender Konfrontation mit dem Stressor verliert der Organismus jedoch seine Widerstandsfähigkeit und tritt in ein Stadium der Erschöpfung ein. Dessen Symptomatik ähnelt jener zu Beginn des Anpassungsprozesses, besteht aber fort, solang der Organismus dem Stressor weiter ausgesetzt ist. Ist dies ohne Unterbrechung der Fall, kommt als finales Resultat dieses Stadiums auch der Untergang des betroffenen Organismus in Betracht (ebd).

Neuere Erkenntnisse über die Aktivität von Hypothalamus-Hypophyse-Nebennierenrinden-Achse und Sympatho-Adrenomedullärem System bestätigen Selyes Vermutung, dass sich die geschilderten Phänomene in ähnlicher Weise auch beim Menschen einstellen: sobald sich der Organismus/die psychische Organisation einer kritischen Situation ausgesetzt sieht, regt der Hypothalamus die Hypophyse an, mehr des adrenokortikotropen Hormons (ACTH) in den Blutkreislauf zu sezernieren. Durch ACTH wird die Nebennierenrinde ihrerseits stimuliert, höhere Mengen von Glukokortikoiden auszuschütten. Diese sorgen für die Freisetzung von Zucker und die Unterdrückung entzündlicher Prozesse (Brannon & Feist, 2007, S. 104 ff.). Ersteres dient der Bereitstellung von Energie, letzteres macht einen Zusammenhang mit der Atrophie von lymphatischem Gewebe im Frühstadium des Anpassungssyndroms ersichtlich.

Darüber hinaus kann der Hypothalamus direkt Einfluss auf die Sekretion von Adrenalin und Noradrenalin durch das Nebennierenmark nehmen (ebd.) Als exzitatorische Neurotransmitter erhöhen diese die Erregbarkeit von sympathischen Nervenfasern, welche daraufhin die physiologischen Phänomene der „Kampf-oder-Flucht-Reaktion" initiieren. Infolge erhöhter Herzschlag- und Atemfrequenz bei gleichzeitig verminderter Durchblutung der Peripherie, stellt sich dabei eine verbesserte Sauerstoff- und Nährstoffversorgung von Muskulatur und Gehirn ein (für nähere Ausführungen, siehe S. 19 f.). Im Zusammenspiel mit den durch die Kortikoidsekretion freigestellten Energiereserven ist auch beim Menschen eine allgemeine Mobilisierung und Erhöhung der Widerstandskraft das Resultat.

Der von Selye beschriebene Vorgang wurde im Laufe des 20. Jahrhunderts als „Allgemeines Adaptations-Syndrom" bzw. „Biologisches Stress-Syndrom" bekannt. Es tritt seiner Auffassung nach in stärker oder schwächer ausgeprägter Form bei jeder Stressreaktion in Erscheinung (Selye, 1936, S. 32). Diese muss darüber hinaus nicht zwingend das Resultat einer kritischen Situation sein. Auch „eine Partie Schach oder gar eine leidenschaftliche Umarmung" löst laut Selye die Stressreaktion aus (Selye, 1988, S. 62). Das nachfolgend abgebildete Erlebniskontinuum illustriert dies.

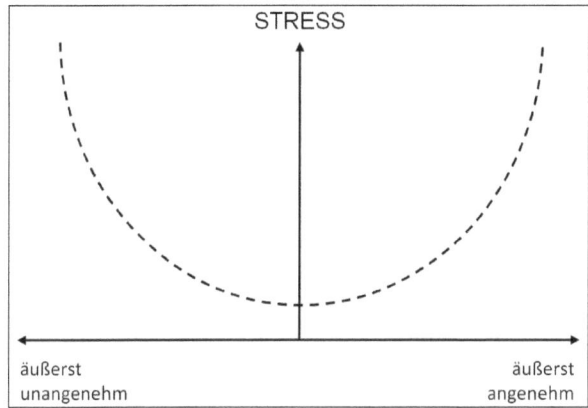

Abbildung 2: Beziehung zwischen Stressreaktion und Erlebnisspektrum
(adaptierte Reproduktion nach Selye, 1988, S. 63)

Selye zufolge tritt Stress als Eu- und Disstress sowohl infolge angenehmer als auch unangenehmer Erlebnisse auf. Am geringsten ist er ausgeprägt „wenn wir ganz ungerührt sind" (ebd., S. 64). Er geht im lebenden Organismus jedoch nie gegen Null, da dieser sich in einem ständigen Anpassungsprozess befindet.

Genauere Vorhersagen lassen Selyes Entdeckungen indessen nicht zu. Bereits im Laufe seiner ärztlichen Tätigkeit stellte er fest, dass die Ausprägung des Anpassungssyndroms von Patient zu Patient auch dann variiert, wenn vergleichbare Stressoren vorliegen (ebd., S. 78 ff). Dementsprechend müssen Moderatoren existieren, die die Unterschiedlichkeit der Reaktionen auf einen identischen Stressor erklären. Selye schlägt als interne „konditionierende Faktoren" Alter, Geschlecht, Erbanlagen etc. vor, als externe Faktoren berücksichtigt er Diät, pharmakotherapeutische Behandlung, hormonelle Therapie und ähnliches (ebd.).

Das Transaktionale Modell nach Richard S. Lazarus

Eine systematische Ursachenerforschung interindividueller Unterschiede der Stressreaktion erfolgte jedoch erst durch den Psychologen Richard S. Lazarus:

Mitte der 1960er Jahre setzt er der Diskussion um die unterschiedliche Wirkung vergleichbarer Stressoren gewissermaßen wieder „den Kopf auf", indem er mit seinen Befunden die Rolle der menschlichen Kognition in kritischen Situationen hervorhebt.

Situationen dieser Art erzeugt Lazarus experimentell, indem er Probanden emotional belastendes Filmmaterial präsentiert. Während einer ersten Forschung sehen Versuchsteilnehmer einen Film über Genitalverstümmelung an Angehörigen eines indigenen Stammes. Parallel zur Darbietung werden Herzschlagrate und Hautleitfähigkeit der Teilnehmer als Indikatoren einer Stressreaktion registriert. In der Experimentalbedingung wird der Film außerdem von einem intellektualisierenden Kommentar begleitet, welcher emotionale Distanzierung vom Gesehenen ermöglichen soll. Unter anderem wird den Probanden erklärt, dass die dargebotenen Eingriffe kaum Schmerzen verursachen und Spätfolgen durch Infektionen oder ähnliches unwahrscheinlich sind. Im Resultat kann bei den Teilnehmern dieser Bedingung eine signifikant abgemilderte Stressreaktion festgestellt werden (Lazarus, Opton, Nomikos & Rankin, 1965, S. 622 ff.).

Wenige Zeit später replizieren Lazarus und seine Mitarbeiter dieses Ergebnis anhand einer leicht modifizierten Versuchsanordnung. In diesem Fall erhält ein Teil der Probanden bereits vor der Filmdarbietung ein kognitives „briefing", welches eine Umbewertung der nachfolgenden Situation ermöglicht. Kernaussage ist, dass der abgebildete Unfall in einem Sägewerk lediglich Resultat einer überzeugenden schauspielerischen Leistung sei. Auch in diesem Versuch weisen jene Probanden eine abgeschwächte Stressreaktion auf, denen eine Interpretationsalternative angeboten wurde (ebd.).

Lazarus folgert aus den Befunden, dass die mentale Einordnung eines Stimulus wesentlich darüber entscheidet, ob dieser Stressoreigenschaft annimmt oder nicht. Basierend auf dieser Schlussfolgerung formuliert er außerdem ein rückgekoppeltes Modell der Stressreaktion. Es negiert die Existenz von Stressoren mit unmittelbarer Gefahr für den Organismus nicht, stellt jedoch die sukzessive Entwicklung eines Handlungsspielraums anhand kognitiver Bewertungen in den Mittelpunkt.

Zur Veranschaulichung sei Lazarus' Beispiel vom Feueralarm angeführt (Lazarus & Folkman, 1984, S. 26): ein Feueralarm ist ein lauter auditiver Stimulus, der in der Regel automatisches arousal auslöst. Statt anhaltend panisch zu reagieren, kann erwogen werden, wie realistisch die Wahrnehmung von Gefahr ist, welches Ausmaß sie gegebenenfalls hat, und wo sich die Gefahr befindet bzw. wieviel Zeit bis zum Kontakt mit der Gefahrenquelle zur Verfügung steht. Neue Erkenntnisse und Beurteilungen führen in der Folge zu einer stetigen Revision der ursprünglichen Wahrnehmung von Bedrohung und können diese verstärken oder abschwächen. Sie beziehen neben dem aktuellen Geschehen auch die Erwägung von Handlungsalternativen ein, sowie den Erfolg eingeleiteter Handlungen. Auf diese Weise ermöglicht die vom Feueralarm initiierte kognitive Aktivität eine Reihe fein abgestimmter und veränderlich aufeinanderfolgender Anpassungsreaktionen.

Schematisch lässt sich der geschilderte Prozess wie folgt darstellen.

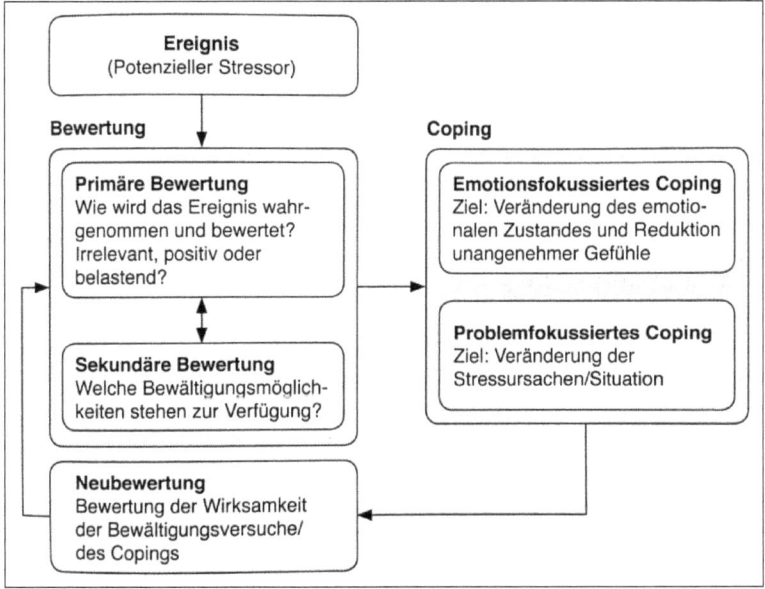

Abbildung 3: Das Transaktionale Modell nach Lazarus (Heinrichs, Stächele & Domes, 2015, S. 25)

Zunächst trifft eine psychische Organisation auf ein Ereignis. Im Rahmen einer ersten Bewertung/„Primary Appraisal" (Lazarus & Folkman, 1984, S. 32 ff.) wird festgestellt, ob es sich dabei um einen Stressor handelt. Dies kann unter anderem durch die im Beispiel angeführte Gefahrenanalyse geschehen. Gegebenenfalls mündet die Bewertung in dem Ergebnis, dass das Ereignis als positiv einzuschätzen ist, oder schlicht keine Relevanz für die eigene Bedürfnislage besitzt. Das könnte beispielsweise der Fall sein, wenn sich der lazarussche Feueralarm als Fehlalarm herausstellt. Falls die Erstbewertung in einem solchen Ergebnis resultiert, endet der Anpassungsprozess.

Wird das Ereignis jedoch als Belastung oder Bedrohung kategorisiert, ist eine Zweitbewertung/"Secondary Appraisal" (ebd., S. 35 ff) notwendig. Diese Bewertung stellt der wahrgenommenen Belastung jene Ressourcen gegenüber, die zu ihrer Bewältigung zur Verfügung stehen. Mögliche Handlungsalternativen werden dabei hinsichtlich ihrer Erfolgsaussichten als auch der eigenen Fähigkeiten zu ihrer Ausführung eingeschätzt.

Der darauffolgende Bewältigungsversuch wird in Anlehnung an das Englische als „Coping" bezeichnet und kann emotionsfokussierte und/oder problemfokussierte Handlungen umfassen. Im Fall des Feueralarms könnte eine emotionsfokussierte Handlung beispielsweise in der Autosuggestion „Kein Grund zur Panik" bestehen, eine problemfokussierte Handlung im schlichten Abstandsuchen von der Gefahr.

Daraufhin wird der unternommene Bewältigungsversuch hinsichtlich seiner Wirksamkeit beurteilt. Diese Beurteilung beeinflusst gleichzeitig die Neubewertung/„Reappraisal" (ebd., S. 38) der gesamten Situation. Wird der Bewältigungsversuch als wirksam empfunden, hat dies in der Regel eine Beendigung des Anpassungsprozesses zur Folge. Anderenfalls wird die Bewertung von Anforderungen und Ressourcen aktualisiert, dies mündet ggf. in einer angepassten Bewältigungsstrategie usw.

So könnte im Beispiel vom Feueralarm zunächst eine emotionsfokussierte Strategie („Kein Grund zur Panik") gewählt worden sein, die sich als unwirksam aufgrund eines Näherrückens der Gefahr erweist. Hieraufhin wird ein problemfokussiertes Vorgehen (Flucht) vorgezogen etc. Oder es stellt sich nach erfolgreicher Flucht heraus, dass auch in einigem Abstand zur Gefahr das Bedrohungsempfinden nicht nachlässt. In diesem Fall kann ein Wechsel von der problemfokussierten zur emotionsfokussierten Vorgehensweise hilfreich sein usw.

Aufgrund dieser Berücksichtigung mannigfaltiger Wechselwirkungen zwischen Situation und Person wird das Lazarussche Modell auch als „Transaktionales Modell" bezeichnet. Es eröffnet die Perspektive für eine Vielzahl möglicher Coping-Strategien jenseits physiologischer Automatismen.

Eine Unterscheidung in emotions- und problemfokussiertes Vorgehen wurde bereits angedeutet.

Emotionsfokussiertes Coping setzt verändernd am Umgang mit potenziellen Stressoren an. Das wesentliche Ziel liegt in der Minimierung von emotionalem Disstress. Infragekommende Strategien sind daher Vermeidung, Verharmlosung, Schaffung von emotionaler Distanz, selektive Aufmerksamkeit, das Ziehen positiver Vergleiche etc. (ebd., S. 150). Problemfokussiertes Coping adressiert hingegen den Stressor selbst. Ihm können alle Stufen eines Problemlöseprozesses zugerechnet werden, wie die Definition eines Problems, das Generieren von Handlungsalternativen, deren Gewichtung hinsichtlich Kosten und Nutzen, das Treffen einer Entscheidung usw.

Auch „interne Vorgänge" können Adressaten problemfokussierter Strategien sein. Der Unterschied zur emotionsfokussierten Vorgehensweise besteht in einer geringeren transsituativen Übertragbarkeit (ebd., S. 152 f). Während Problemlösungen in der Regel auf die Ausschaltung eines bestimmten Stressors spezialisiert sind, ermöglicht das Einüben von emotionaler Distanz, dem Ziehen positiver Vergleiche etc. einen verbesserten Umgang mit einer Vielzahl möglicher Stressoren.

Höchstmögliche transsituative Übertragbarkeit streben auch Maßnahmen der generellen Prävention an. Insbesondere kognitive Trainings operieren dabei in enger Anlehnung an das Lazarussche Modell: „wird eine Situation nicht als belastend erlebt, kann sie auch keine Stressreaktion auslösen" (Ditzen & Ehlert, 2009, S. 174). Solche Ansätze sind der primären Prävention zuzurechnen, da sie bereits dem Auftreten einer Stressreaktion entgegenwirken sollen. Sind Verhaltensweisen dieser Art jedoch nicht abrufbar, müssen auch sekundärpräventive Maßnahmen in Betracht gezogen werden, welche die körperliche Stressantwort regulieren, oder tertiärpräventive Maßnahmen, die der Vorbeugung pathologischer Stressfolgeerscheinungen dienen (Quick et. al., 2013, S. 149).

Eine Doppelrolle im Sekundär- und Tertiärbereich wird von Entspannungsverfahren eingenommen. Sie sollen gleichermaßen Stressreaktionen minimieren als auch Stressfolgen prävenieren. Tatsächlich kann ein die Stressantwort moderierender Einfluss von Entspannungsverfahren als empirisch bewährt gelten (Krampen, 2013, S. 39), auch liegen Meta-Analysen über die Wirksamkeit entsprechender Interventionen in arbeitspsychologischen (Richardson & Rothstein, 2008, S. 85) und klinischen Kontexten vor (Grossman et. al., 2003, S. 39). Eine Beschäftigung mit diesen Verfahren erscheint dementsprechend sinnvoll und soll Hauptgegenstand der weiteren Untersuchung sein.

Zusammenfassung

Abschließend kann festgehalten werden, dass die Postulate Selyes und Lazarus' einen Minimalkonsens aufweisen: die Konfrontation mit einem Stressor ist selbst nicht zwangsläufig problematisch. Stressprävention muss daher keine Stressoren-Prävention sein. Entscheidend ist vielmehr die Reaktion auf einen Stressor.

Während Selye die Stressreaktion als unspezifischen physiologischen Automatismus modelliert, welcher konstant im lebenden Organismus aktiv ist, basiert Lazarus' Konzept auf der Entdeckung, dass kognitive Prozesse insbesondere in kritischen Situationen die körperliche Reaktion beeinflussen können. Im Zentrum seines transaktionalen Modells entscheidet daher ein Abgleich von Ressourcen und Anforderungen darüber, ob ein potentieller Stressor zum manifesten Stressor wird.

Die durch Entspannungsverfahren erlernten Verhaltensalternativen zur körperlichen Stressreaktion können eine dieser Ressourcen darstellen und den Anpassungsprozess entsprechend modifizieren. Als Gegenstück der Stressreaktion kann in diesem Kontext eine Entspannungsreaktion formuliert werden (Benson, Greenwood & Klemchuk, 1975, S. 87).

Um jedoch neue Konzepte zur Induktion von Entspannung zu evaluieren, bedarf es überprüfbarer Bestimmungsstücke dieser Entspannungsreaktion. Sie sollen daher im Folgenden näher behandelt werden.

Zur Entspannungsreaktion

Seit Herbert Bensons Forschungen auf dem Gebiet der Entspannungsverfahren hat sich die Vorstellung einer „relaxation response" durchgesetzt (ebd.). „Entspannung" kann demnach als Konglomerat psychischer und physiologischer Reaktionen verstanden und operationalisiert werden.

Dem ist bei der Untersuchung von Entspannungsverfahren gegebenenfalls Rechnung zu tragen, indem die Beurteilung von Zustandsänderungen gleichermaßen anhand psychologischer als auch physiologischer Messungen erfolgt.

Psychologische Charakteristika einer Entspannungsreaktion

Im Folgenden sollen zunächst psychologische Anhaltspunkte zur Einordnung der Entspannungsreaktion erarbeitet werden.

Emotionale Aspekte

Dieter Vaitl, Psychophysiologe und Herausgeber eines Standardwerks über Entspannungsverfahren, benennt drei psychologische Kennzeichen einer Entspannungsreaktion. Unter anderem geht er davon aus, dass sich im entspannten Zustand emotionale Reaktionen nur vermindert provozieren lassen bzw. eine „affektive Indifferenz" einträte (Vaitl, 2000, S. 31). Auch der Begründer des Autogenen Trainings, J. H. Schultz, postuliert eine „Resonanzdämpfung der Affekte" infolge der Anwendung von Entspannungsverfahren (Schultz, 1991, S. 101 ff). Günter Krampen vertritt jedoch die Auffassung, dass mitnichten mit einer allgemeinen Dämpfung emotionaler Reaktionsbereitschaft zu rechnen sei, sondern im Sinne Schultz' vor allem jene „überstarken" Affekte gedämpft würden, welche psychopathologischen Erscheinungen wie Ängstlichkeit und Depressionsneigung vorausgingen (Krampen, 2013, S. 276). Andere Autoren charakterisieren die Entspannungsreaktion wiederum durch Begriffe wie „Wohlbefinden" oder „positive Grundstimmung" (Fröhlich, 2010, S. 167 f; Kazdin, 2000, S. 28) und deuten damit eine Verlagerung der hedonischen Valenz an.

Aufmerksamkeit sollte in diesem Zusammenhang auch der Profession des jeweiligen Autors geschenkt werden. Deskriptive Aussagen, wie die eines Psychophysiologen, liegen vergleichsweise selten vor. Kliniker, wie Krampen und Schultz, dominieren das Feld. Fraglich ist, inwiefern die von ihnen vorgesehenen Indikationen für die Anwendung von Entspannungsverfahren zu einer Konzentration auf bestimmte Teilaspekte der Entspannungsreaktion führen bzw. die Interpretation beobachteter Phänomene beeinflussen. Um die Frage zu beantworten, inwiefern von einer allgemeinen Dämpfung der emotionalen Reaktionsbereitschaft oder einer Verstärkung/Verringerung einzelner Gefühlsqualitäten im Kontext der Entspannungsreaktion ausgegangen werden kann, erscheint es daher ratsam, zunächst auf die Emotionsforschung selbst zurückzugreifen.

In dieser Hinsicht thematisieren insbesondere dimensionale Emotionstheoreme das Verhältnis von (Ent-)Spannung und weiteren Emotionskomponenten. In seinen „Vorlesungen über die Menschen- und Thierseele" beschreibt bereits Wilhelm Wundt „drei Hauptgegensätze der Gefühlsqualität", die er als „Lust und Unlust, Erregung und Beruhigung, Spannung und Lösung" (Wundt, 2012, S. 236 ff) bezeichnet. Ähnlichlautende Dimensionen konnten sich auch in empirischen Forschungen bewähren.

Eine erste Etappe solcher Forschungen wurde entscheidend vom Einsatz des „Semantischen Differentials" geprägt. Dieses Verfahren basiert auf der Verwendung gegensätzlicher Adjektivpaare als Pole mehrstufiger Skalen, anhand derer Probanden einen Stimulus charakterisieren (Osgood, 1952, S. 228 f). Charles Osgood entwickelte es Anfang der 1950er Jahre, um semantische Zuschreibungen messbar zu machen. Durch eine Faktorenanalyse der ersten auf diese Weise gewonnenen Ergebnisse stellte Osgood fest, dass sich Wortbedeutung im Wesentlichen entlang dreier Dimensionen etabliert. Den größten Teil der Varianz klärte dabei ein evaluatives Moment auf, dass durch die Pole angenehm-unangenehm beschrieben werden kann, gefolgt von einem „activity factor" (erregend-beruhigend) und einem „strength factor" (dominant-untergeordnet) [ebd.].

Anhand der Ergebnisse einer umfangreichen Untersuchung konnten Russell und Mehrabian 1977 zeigen, dass diese drei Dimensionen auch für die Einordnung emotionaler Zustände grundlegend sind. Sie baten 200 Probanden, sich in bestimmte Situationen hineinzuversetzen, und die mit der Situation verbundene Emotion per Skalierung von 288 Items zu charakterisieren. Im ersten Set dieser Items waren 18 Adjektivpaare enthalten, von denen jeweils 6 die Dimension pleasure-displeasure, arousal-nonarousal und dominance-submissiveness repräsentierten. Die Ergebnisse dieses Sets stellten den Prädiktor dar. In einem zweiten Set waren 270 Items aus 42 bereits existierenden Skalen zur Abbildung emotionaler Zustände zusammengefasst, deren Ergebnisse als Kriterium behandelt wurden (Russell & Mehrabian, 1977, S. 275 f). Zwischen den Werten für pleasure-displeasure etc. und den Ergebnissen der Fremdskalen konnten multiple Korrelationen von .51 bis .88 ermittelt werden. Nach Meinung der Autoren wurde unter Berücksichtigung der Reliabilität der im Kriterium eingesetzten Verfahren damit die verfügbare „reliable Varianz" nahezu vollständig aufgeklärt (ebd, S. 280). Anzumerken ist, dass in mehr als der Hälfte aller Fälle der Faktor dominance-submissiveness zum jeweiligen Regressionsmodell keinen Beitrag leistete und sein Gewicht in allen weiteren Fällen vergleichsweise gering ausgeprägt war (ebd., S. 277 f).

In Anlehnung an diesen Befund wurde von Bradley und Lang eine Untersuchung konzipiert, die sich auf das Verhältnis von pleasure und arousal konzentrierte. Als Stimulusmaterial verwendeten sie das International Affective Picture System (IAPS). Es umfasst etwa 1000 Fotografien, welche unterschiedlichste Aspekte des menschlichen Erfahrungshorizonts repräsentieren sollen, von erotischen Stimuli bis zur verschmutzten Bahnhofstoilette (Bradley & Lang, 2007, S. 30). Außerdem vereinfachten Bradley und Lang das Rating-Verfahren, indem sie statt eines Semantischen Differentials die Self Assessment Manikin Scale einsetzten. Auf dieser Skala werden Abstufungen von pleasure und arousal durch Manikins symbolisch dargestellt. Die Autoren konnten im Vorfeld zeigen, dass das Rating von jeweils einem solchen Item zu .98 (pleasure) bzw. .90 (arousal) mit den Ergebnissen der Adjektivpaare von Russell und Mehrabian korreliert (ebd., S. 32).

Anhand dieses Verfahrens wurde jedes Element des IAPS von 100 Probanden eingeordnet. Die Ergebnisse sind in untenstehender Graphik veranschaulicht.

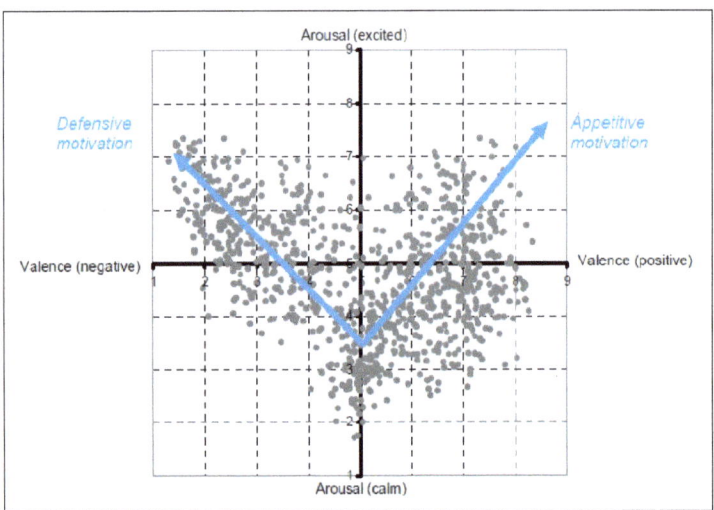

Abbildung 4: Beziehung zwischen hedonischer Valenz und Arousal
(in Anlehnung an Bradley & Lang, 2007, S. 33; entnommen aus Höger, o.J., S. 7)

Der Gesamtdarstellung lässt sich entnehmen, dass bei jenen Gefühlszuständen, die durch das geringste arousal charakterisiert sind, von einer hedonischen Indifferenz gesprochen werden kann. Eine getrennte Auswertung der Ergebnisse zeigte außerdem, dass Männer eher durch positive Impulse erregt werden (appetitive motivation mit .68 gegenüber defensive motivation mit .58), während bei Frauen negative Impulse stärker mit arousal assoziiert sind (defensive motivation mit .55 gegenüber appetitive motivation mit .20) [ebd.]. Die genannten Korrelationen ergeben sich jedoch bei beiden Geschlechtern aus einer U-förmigen Beziehung zwischen arousal und pleasure/hedonischer Valenz.

Darüber hinaus weist das Muster in den Daten auffällige Ähnlichkeit mit der von Selye postulierten Beziehung zwischen Stress(-reaktion) und dem Erlebniskontinuum äußerst angenehm-äußerst unangenehm auf (siehe Abbildung 2/Seite 5). Während Selyes Postulat jedoch den Zusammenhang zwischen zwei Phänomenen thematisiert, beansprucht obenstehende Graphik, das Verhältnis zweier Dimensionen innerhalb ein- und desselben Phänomens „Affekt" abzubilden. Dies schränkt die Brauchbarkeit dimensionaler Modelle zur Beantwortung der eingangs aufgeworfenen Frage zunächst ein. Andererseits ist anzunehmen, dass der situative Kontext einer Entspannungsreaktion insbesondere jene Emotionen erzeugt, die auf der Dimension arousal eine niedrige Ausprägung aufweisen. Unter der Prämisse, dass „arousal" im Sinne von Bradley und Lang eine phänomenale Schnittmenge mit „arousal" im Kontext von An- und Entspannung aufweist, kann demnach zumindest von einer hedonischen Indifferenz im Rahmen der Entspannungsreaktion ausgegangen werden.

arousal und Aufmerksamkeit

Eine mit der Entspannungsreaktion assoziierte Senkung des arousals im Sinne von „geistiger und körperlicher Beruhigung" (Wenninger, 2000, S. 393 f.) bzw. „Herabsetzung des allgemeinen Erregungsniveaus" (Krampen, 2013, S. 273) führt zum Teil auch dazu, dass Vergleiche zwischen Entspannungsreaktion und Schlafzustand angestellt werden. Diese Tendenz wird vermutlich durch den Umstand bestärkt, dass beide Phänomene das Empfinden von Regeneration hervorrufen können. Ein „Gefühl des Ausgeruhtseins sowohl in körperlicher als auch geistiger Hinsicht", beschreibt auch Dieter Vaitl als zweites psychologisches Kennzeichen einer Entspannungsreaktion (Vaitl, 2000, S. 31).

Ein wesentlicher Unterschied zum Schlaf und schlafähnlichen Zuständen besteht jedoch in der Möglichkeit, auch in Stadien tiefer Entspannung die Aufmerksamkeit aufrechtzuerhalten (Schrader, 2004, S. 73; Wenninger, 2000, S. 393). Darüber hinaus konnte im direkten Anschluss an Entspannungsübungen eine signifikante Erhöhung der Konzentrationsleistung in time-on-target- und Reaktionszeit-tasks (Rutschman, 2004, S. 11 ff), sowie number- und letter-cancellation-tasks nachgewiesen werden (Pradhan & Nagendra, 2010, S. 67 ff; Scheufele, 2000, S. 217).

Modulation der Wahrnehmung

Als drittes psychologisches Kennzeichen einer Entspannungsreaktion definiert Vaitl eine verminderte Sensitivität gegenüber unterschiedlichen Reizquellen (Vaitl, 2000, S. 31).

Diesbezüglich stellten Kramer und Kollegen in 2014 eine signifikante Erhöhung der Wahrnehmungsschwellen für Wärme, Kälte und Druck nach Induktion einer Entspannungshypnose fest. Eine von ihnen ebenfalls angenommene Desensibilisierung gegenüber Schmerzreizen konnte dagegen nicht nachgewiesen werden (ebd., S. 3). Andererseits war die entsprechende Untersuchung auf die Somatosensorik des Handrückens beschränkt.

Eine signifikant reduzierte Wahrnehmung klinisch relevanter Schmerzen wurde hingegen von Lang und Kollegen ermittelt. Sie untersuchten Patienten, die sich einer radiologischen Behandlung unterzogen, und stellten fest, dass eine durch imaginative Entspannung minimierte Schmerzwahrnehmung mit pharmakotherapeutischer Analgesie vergleichbar und ihr teilweise überlegen war (Lang et. al., 1996, S. 113). Ähnliche Ergebnisse erzielten Gay, Philippot und Luminet bei Patienten mit osteoarthritischen Schmerzen. Sie erzeugten durch Progressive Muskelrelaxation und Entspannungshypnose ebenfalls eine signifikante Reduktion der Schmerzwahrnehmung, wobei sich die Hypnoseanwendung als der Muskelrelaxation überlegen erwies (Gay, Philippot & Luminet, 2002, S. 9).

Anzumerken ist, dass die zitierten Autoren alle Effekte der allgemeinen Entspannungsreaktion zurechneten, da in keiner der Studien mit symptombezogenen oder analgetischen Suggestionen gearbeitet wurde.

Zusammenfassung

In Anlehnung an diese Befunde können als psychologische Kennzeichen einer Entspannungsreaktion hedonische Indifferenz, vermindertes arousal und erhöhte Wahrnehmungsschwellen für bestimmte Reizquellen angenommen werden. Außerdem bestehen Ähnlichkeiten mit dem Schlafzustand hinsichtlich des Empfindens von körperlicher und geistiger Wiederherstellung, die Entspannungsreaktion grenzt sich jedoch durch den Erhalt der Aufmerksamkeit und gegebenenfalls erhöhte Konzentrationsleistungen ab.

Physiologische Charakteristika einer Entspannungsreaktion

Neben psychologischen Aspekten kommen für eine Charakterisierung der Entspannungsreaktion auch physiologische Kennzeichen in Betracht. Diese sollen im Folgenden näher erläutert werden.

Neuromuskuläre Veränderungen - EMG

Im Zuge der Entspannungsreaktion verringert sich in der Regel der muskuläre Tonus. Dies basiert auf einer gesenkten Entladungsfrequenz der die Muskelfasern innervierenden Motoneurone. Entsprechend nehmen auch Frequenz und Amplitude des per Elektromyograph abgegriffenen Signals ab (Krampen, 2013, S. 261 f; Vaitl, 2000, S. 33ff).

Veränderungen der elektrodermalen Aktivität – GSR

Darüber hinaus kann von einer geringeren Schweißsekretion ausgegangen werden, wodurch die Hautleitfähigkeit vermindert bzw. der elektrische Widerstand erhöht ist (Krampen, 2013, S. 262 f; Vaitl, 2000, S. 54 ff).

Veränderungen der Durchblutung – periphere Körpertemperatur

Gleichzeitig lässt ein regelmäßiger Anstieg der gemessenen Körpertemperatur auf eine Vasodilatation in der Peripherie schließen (Krampen, 2013, S. 263 ff; Vaitl, 2000, S. 41 ff)

Veränderungen von Herztätigkeit und Blutdruck – EKG und RR

Gegebenenfalls tritt auch eine Verringerung von Herzschlagrate (Krampen, 2013, S. 265 f; Vaitl, 2000, S. 49 f) und Blutdruck (Benson, Greenwood & Klemchuk, 1975, S. 92; Krampen, 2013, S. 266 f; Terathongkum & Pickler, 2004, S. 81; Vaitl, 2000, S. 50 ff) in Verbindung mit einer Erhöhung der Herzratenvariabilität in Erscheinung (Miu, Heilman & Miclea, 2009, S. 101; Terathongkum & Pickler, 2004, S. 81).

Veränderungen der Atmung – Atemfrequenz und -volumen

Außerdem legt eine Senkung von Atemfrequenz und Atemvolumen einen reduzierten Sauerstoff-, beziehungsweise Energiebedarf nahe (Krampen, 2013, S. 268; Vaitl, 2000, S. 53 f).

Veränderungen der kortikalen Aktivität – EEG, MEG, fMRI etc.

Die Befundlage in Bezug auf Veränderungen der kortikalen Aktivität stellt sich hingegen etwas diffiziler dar. Da eine Aussage über allgemeine kortikale Veränderungen der Komplexität des Hirngeschehens nicht gerecht würde, wurden bisher verschiedene Hirnareale anhand einer Vielzahl von Verfahren und Parametern untersucht. Eine einheitliche Interpretation der Ergebnisse scheint derzeit nicht möglich. Verbindendes Element ist jedoch ein regelmäßiger Unterschied zwischen den zerebralen Aktivierungsmustern der Entspannungsreaktion und jenen von Wach-, Schlaf- und Vorschlafzustand etc. (Krampen, 2013, S. 271 f; Vaitl, 2000, S. 61 ff).

Eine nähere Auseinandersetzung mit infragekommenden Parametern der Elektroenzephalographie erfolgt darüber hinaus im betreffenden Abschnitt (siehe S. 36 f.).

Rolle des Autonomen Nervensystems

Fasst man die geschilderten Phänomene zusammen, so ergeben sie ein Gegenstück zu den physiologischen Charakteristika der „fight-or-flight response". Diese Form der Stressreaktion scheint ihre Sinngebung aus der Bewältigung existenziell bedrohlicher Situationen zu beziehen, ist jedoch insbesondere bei der Konfrontation mit emotionalen Stressoren auch im Alltagsgeschehen verankert (Birbaumer & Schmidt, 2006, S. 108).

In einem Zusammenspiel zwischen endokrinem und neuronalem System schüttet das Nebennierenmark hierbei verstärkt die exzitatorisch wirkenden Katecholamine Adrenalin und Noradrenalin aus. Dies führt zu einer erhöhten Feuerungsrate sympathischer Nervenfaseranteile. Da diese sämtliche Organsysteme innervieren, kommt es in der Folge zu einer Vielzahl simultaner Reaktionen. Eine Erhöhung des Muskeltonus kann in diesem Kontext als

Befähigung zu „Kampf oder Flucht" aufgefasst werden. Die durch verstärkte Schweißsekretion entstehende Verdunstungskälte verhindert gleichzeitig ein übermäßiges Ansteigen der Körpertemperatur. Während eine periphere Vasokonstriktion der Muskulatur mehr Blut zur Verfügung stellt, führt eine zentrale Vasokonstriktion in Verbindung mit gesteigerter Herzschlagrate zu höherem Blutdruck und beschleunigtem Blutfluss. Bei gleichzeitiger Bronchodilatation und gesteigerter Atemfrequenz verbessert die Gesamtheit dieser Maßnahmen die Versorgung mit Sauerstoff und Nährstoffen insbesondere in Muskulatur und Gehirn und sichert hierdurch effektive Handlungen.

Vor diesem Hintergrund erhält auch die Physiologie der Entspannungsreaktion eine logische Konsistenz. In einer Umkehr der geschilderten Abläufe wird ihre Initiation in der Regel einer erhöhten Feuerungsrate parasympathischer Nervenfaseranteile zugeschrieben. Folglich müsste eine Verstärkung des Parasympathikotonus als vorrangiges Ziel von Entspannungsverfahren gelten. Diese stringente Durchdeklination des Gegenspielerprinzips greift im Detail jedoch zu kurz. Tatsächlich verhält es sich so, dass alle aufgeführten Organsysteme sympathisch innerviert sind, jedoch nicht ausnahmslos parasympathisch. Dies gilt insbesondere für Blutgefäße und Schweißdrüsen (ebd., S. 104). Die diesbezüglichen Phänomene der Entspannungsreaktion können demnach nicht einer verstärkten Aktivität parasympathischer Nervenfaseranteile zugerechnet werden. Vielmehr kommt hierfür eine Sympathikolyse bzw. Verminderung des Sympathikotonus in Betracht.

Unter physiologischen Gesichtspunkten lässt sich daher als Zielsetzung wirksamer Entspannungsverfahren eine Erhöhung des Parasympathikotonus bei gleichzeitiger Sympathikolyse formulieren.

Im Folgenden soll eine kurze Übersicht über Verfahren gegeben werden, die dies für sich beanspruchen.

Entspannungsverfahren

Zunächst kann davon ausgegangen werden, dass jeder Mensch über individuelle Verhaltensweisen und Präferenzen verfügt, um Entspannungsreaktionen „unsystematisch" zu induzieren (Krampen, 2013, S. 18). Dies kann ein Hören der Lieblingssinfonie sein, die Erholung nach dem Sport, der Gang zur Sauna etc. Diese Verhaltensweisen sind für die weitere Untersuchung jedoch nicht relevant, da sie zum Teil unbewusst praktiziert werden, keine systematischen Trainingseffekte erwarten lassen, und es aufgrund der Vielzahl möglicher auslösender Faktoren nahezu unmöglich ist, Dosis-Wirkungs-Beziehungen für sie zu erheben.

Ihnen können systematische Entspannungsverfahren gegenübergestellt werden, deren Techniken durch gezielte Beobachtung ausgewählt, angepasst und weiterentwickelt wurden. Beispiele hierfür sind klassische und ericksonsche Hypnose, Autogenes Training, Progressive Muskelrelaxation, Bio- und Neurofeedback-Verfahren etc., aber auch fernöstliche Bewegungskünste wie Qi Gong und Yoga, oder verschiedene Meditationsformen. Auch die „Vagusmeditation" nach Schnack ist dieser Kategorie zuzurechnen. Da sie außerdem indikationsspezifisch, non-suggestiv und non-apparativ konzipiert wurde, ist für den experimentellen Vergleich ein Verfahren vorzuziehen, welches ebenfalls diese Kriterien erfüllt.

Eine Spezifität der Indikationsstellung ist insbesondere bei den fernöstlichen Verfahren nur sehr eingeschränkt ersichtlich, da sie in der Regel physiologische und psychologische Zielsetzungen mit spirituellen Aspekten verbinden. Auch die verschiedenen Formen der klinischen Hypnose wurden nicht gezielt für die Induktion von Entspannung entwickelt. Eine reine Entspannungshypnose ist zwar prinzipiell möglich, sie stellt jedoch einen schwer abgrenzbaren Ausschnitt des Gesamtverfahrens dar, und basiert darüber hinaus auf einer hochsuggestiven Vorgehensweise.

<u>Autogenes Training</u>

Auch das Autogene Training ist den suggestiven Verfahren zuzurechnen.

J. H. Schultz entwickelte es auf der Grundlage systematischer Beobachtungen von Hypnotisierten. Er stellte fest, dass diese unabhängig von der Induktionsprozedur von Schwere- und

Wärmesensationen berichteten. Diese wertete Schultz als konstitutive Komponenten eines Prozesses der „suggestiven Umschaltung" und überführte sie in die zentralen Formeln eines autosuggestiven Trainingsablaufs (Schultz, 1991, S. 7f). Die Formeln lauten dementsprechend „Der rechte/linke Arm ist ganz schwer" (ebd., S. 24), „Der rechte/linke Arm ist ganz warm" (ebd. S. 60) etc. Sie dienen ausschließlich der Induktion von Entspannung und sind Teil der sogenannten Unterstufe des Autogenen Trainings. Außerdem schloss Schultz eine Oberstufe an, welche Übungen für eine „Innenschau" mit aufdeckendem bzw. psychoanalytischen Charakter umfasst. Hierzu zählen unter anderem das Finden einer „Eigenfarbe" vor dem inneren Auge (ebd., S. 231 ff) oder die Entwicklung einer „Persönlichkeitsformel" (ebd., S. 246 ff). Aufgrund dieses modularen Aufbaus kann das Autogene Training indikationsspezifisch eingesetzt werden. Da sein Funktionsprinzip jedoch ausschließlich auf der Verwendung von Suggestionen beruht, stellt es für den angestrebten Vergleich kein Verfahren der ersten Wahl dar.

Einer non-suggestiven Vorgehensweise sind hingegen Biofeedbackverfahren und Progressive Muskelrelaxation verpflichtet.

Biofeedback

Der Feedback-Ansatz erachtet eine Fehlregulation zwischen Exzitation und Inhibition im Gehirn bzw. sympathischer und parasympathischer Aktivität in den übrigen Organsystemen als Ursache einer Vielzahl von pathologischen Erscheinungen (Wiedemann & Krombholz, 2013, S. 4 ff). Absicht des Verfahrens ist es, die notwendige Regulation durch einen Lernprozess zu initiieren. Hierfür wird dem Organismus ein Abgleich zwischen Soll- und Istzustand durch die fortlaufende Rückmeldung seiner bioelektrischen Signale ermöglicht. Diese kann auditiv, visuell oder taktil erfolgen. Darüber hinaus kommen Programme zum Einsatz, welche Verstärkung und shaping in die Rückmeldung integrieren.

In der Regel wird bereits dieser Trainingsprozess von Entspannungsreaktionen begleitet (ebd.). Da die Konzeption des Verfahrens jedoch maßgeblich um eine apparative Ausstattung zentriert ist, entspricht es nicht den formulierten Auswahlkriterien.

Für den experimentellen Vergleich ist es zwar nicht zwingend erforderlich, dass das Vergleichsverfahren prozedurale oder konzeptionelle Ähnlichkeit mit dem zu überprüfenden

Verfahren aufweist. Ausschlaggebend ist zunächst, dass es die psychologischen und physiologischen Effekte induziert, anhand derer die Entspannungsreaktion operationalisiert werden kann. Dennoch scheint es unsinnig, Alternativen mit größerer Vergleichbarkeit zu vernachlässigen, sofern diese zur Verfügung stehen.

Die Progressive Muskelrelaxation nach Edmund Jacobson

Eine solche Alternative stellt die Progressive Muskelrelaxation (PMR) nach Jacobson dar. Das Verfahren wurde systematisch und indikationsspezifisch entwickelt, und erfordert darüber hinaus weder den Einsatz von technischen Apparaturen noch von Suggestionen.

Vor allem letztere Eigenschaft hat Edmund Jacobson stets betont (Jacobson, 2006, S. 56, 137). Sein Ziel war es, ein physiologisch orientiertes Entspannungsverfahren zu entwickeln, welches den Anwender unabhängig von Autosuggestionen oder Suggestionen Dritter macht (ebd., S. 18).

Ursprung dieses Vorhabens war unter anderem die Feststellung, dass sich Mediziner im US-Amerika der 1920er Jahre immer häufiger veranlasst sahen, ihren Patienten den Rat „You must relax" zu geben, aber keine Angaben darüber machen konnten, wie das anzustellen sei (ebd., S. 11, 134). Laut Jacobson herrschte ein Denken nach dem unsystematischen Ansatz vor, welches Entspannung ausschließlich im Kontext von „Freizeitgestaltung und Hobbies" einordnete (ebd., S. 12).

Jacobson beobachtete außerdem, dass Patienten, die der Verordnung von Bettruhe Folge leisteten, selten im gewünschten Maße davon profitierten. Trotz Ruhigstellung des gesamten Körpers stellte Jacobson bei ihnen Anzeichen von Anspannung fest (ebd. S. 134). Er schlussfolgerte, dass ein Verfahren zur Herstellung von Entspannung möglichst kleine physiologische Funktionseinheiten adressieren müsse. Aus diesem Verständnis heraus entwickelte er einen neuromuskulären Ansatz der Entspannung.

Jacobson operationalisierte An- und Entspannung anhand der Aktivität der die Muskulatur innervierenden „Nervenbündel" und führte elektromyographische Messungen zur Stützung seiner These durch, dass das Ausmaß dieser Aktivität wahrnehmbar und beeinflussbar sei (ebd., S. 133). Er ging davon aus, dass insbesondere „erschöpfte oder neurotische Menschen" diesbezügliche Wahrnehmungsdefizite aufweisen, und die Förderung ihrer Wahrnehmungsfähigkeit eine automatische Entspannungsreaktion zur Folge hätte (ebd., S. 138).

Das Jacobsonsche Verfahren besteht daher darin, diese Fähigkeit durch die Wahrnehmung aufeinanderfolgender An- und Entspannung einzelner Muskelgruppen zu schulen (ebd., S. 146 ff; Instruktion im Anhang). Hierfür sah Jacobson ursprünglich ausgedehnte Perioden der Anspannung vor, gefolgt von einer halbstündigen Phase der Entspannung und Sensibilisierung. Das Verfahren wurde jedoch zwischenzeitlich weiterentwickelt. Im Rahmen seiner Studien zur Systematischen Desensibilisierung setzte Joseph Wolpe erstmals eine auf wenige Minuten reduzierte Kurzfassung der Progressiven Muskelrelaxation ein (Wolpe, 1958, S. 236f). Im Anschluss daran entwickelten Bernstein und Borkovec eine Fassung, nach der die Anspannungsphase auf wenige Sekunden und die Wahrnehmungsphase auf etwa eine Minute beschränkt ist (Bernstein et. al., 2007, S. 59ff). Da letztere Form die Praxis der Muskelrelaxation maßgeblich geprägt hat, baut auch ein Großteil der empirischen Datenlage auf ihr auf. Studien über das ursprüngliche Verfahren liegen hingegen nicht vor (Hamm, 2009, S. 155f).

Wie oder warum die Wahrnehmung muskulärer Aktivität zu einer Entspannungsreaktion führt, erläuterte Jacobson nicht näher. Ähnlich dem Feedback-Ansatz schien er von physiologischen Mechanismen auszugehen, welche eine Regulation initiieren, sobald ein adäquates Maß an Wahrnehmung vorliegt.

Zwischenzeitlich wurde auch das Postulat, dass eine wiederholte Anwendung von An- und Entspannungsübungen diese Wahrnehmung verbessere, infrage gestellt. Claus Bischoff untersuchte die Thematik, indem er die EMG-Aktivität seiner Probanden mit deren subjektiver Wahrnehmung ihrer Muskelspannung verglich. Probanden, die ein mehrwöchiges Training der Progressiven Muskelrelaxation absolviert hatten, verfügten zwar über die Fähigkeit, eine höhere muskuläre Anspannung zu erzeugen, ihre Urteilsfähigkeit bezüglich dieser Spannung hatte sich jedoch nicht verbessert. Bischoff schloss daraus, dass die Muskelrelaxation nach Jacobson „weniger eine Wahrnehmungsschulung als ein Krafttraining" sei (Bischoff, 1989, S. 136).

Wenngleich die Funktionsweise des Verfahrens demnach im Dunkeln liegt, weist seine Wirksamkeit doch einen angemessenen empirischen Bewährungsgrad auf. Ein Review von 66 Studien wies in 76 % der within-subject-Untersuchungen eine signifikante Verbesserung klinischer Symptome aus, in 63 % der Fälle war die Muskelrelaxation auch einer Kontrollbedingung überlegen. Pre-Post-Vergleiche psychophysiologischer Parameter deuteten außerdem bei 76 % der Ergebnisse auf eine Entspannungsreaktion hin, in Zwischengruppenvergleichen galt dies für 49 % (Grawe, Donati & Bernauer, 2001, S. 604 f). Darüber hinaus war bisher häufig die Konsistenz positiver Ergebnisse höher, wenn statt eines Tonbandes die

Instruktion durch einen Versuchsleiter eingesetzt wurde (Hamm, 2000, S. 315 f). Dem ist bei der Versuchsplanung gegebenenfalls Rechnung zu tragen.

Abschließend kann festgehalten werden, dass die Progressive Muskelrelaxation Fragen über ihre Funktionsweise offenlässt, sich in der überwiegenden Zahl der Fälle jedoch als wirksam herausgestellt hat. Darüber hinaus erfüllt sie die formulierten Kriterien für einen Vergleich mit der „Vagusmeditation" nach Schnack.

Die „Vagusmeditation" nach Gerd Schnack

Mit der Konzeption dieses Verfahrens hat Gerd Schnack einen bisher unüblichen Weg beschritten.

In seinem 2012 erschienenen Band „Der große Ruhe-Nerv – 7 Soforthilfen gegen Stress und Burnout" publizierte er eine Reihe von prozedural sehr unterschiedlichen Techniken, die jedoch um die Theorie eines gemeinsamen Wirkmechanismus gruppiert sind.

Diesbezüglich stellte Gerd Schnack die regulierende Funktion des Nervus vagus in den Mittelpunkt seines Ansatzes (ebd., S. 32).

Als Nervus vagus (von lat. vagari = umherschweifen) wird der X. Hirnnerv bezeichnet, welcher als einziger über den Kopf- und Halsbereich hinaus Effektoren parasympathisch innerviert (Trepel, 2012, S. 304). Zu diesen zählen neben Herz und Lunge nahezu sämtliche inneren Organe bis zum letzten Drittel des Dickdarms (Cannon-Böhm-Punkt) [ebd., S. 126 f]. Dementsprechend kann eine Aktivierung des Vagusnervs für einen Großteil der im Zuge der Entspannungsreaktion auftretenden physiologischen Phänomene verantwortlich gemacht werden.

Eine elektrisch-invasive Stimulation des N. vagus wird bereits bei der Behandlung therapierefraktärer Epilepsien eingesetzt und kann die Anfallsbereitschaft, bzw. die mit der Störung einhergehende exzessive Exzitabilität, signifikant senken (DeGiorgio et. al., 2000, S. 1197 ff; Schachter & Saper, 1998, S. 683ff). Darüber hinaus können non-invasive Anwendungsformen bei Störungen wie der Major Depression, Zwangsstörungen oder Schmerzsyndromen indiziert sein (George et. al., 2000, S. 292 ff.). Diese Effekte werden jedoch vermutlich weniger durch parasympathische Efferenzen vermittelt, als durch ein weitverzweigtes Wirkungsareal vagaler Afferenzen im Gehirn. So kann eine Vagusstimulation tieferliegende Bereiche des Hirnstamms beeinflussen und dort unter anderem zur Synchronisierung von Aktionspotentialen führen (ebd., S. 288).

Eine solche Synchronisierung kann auch mit der Entspannungsreaktion in Zusammenhang gebracht werden (siehe Abschnitt „Entstehung des aufzuzeichnenden Signals"; Seite 34ff. und „Interpretation der α-Aktivität", S. 36 ff.) und gibt wertvolle Hinweise darauf, dass das Phänomen „Entspannung" nicht ausschließlich auf parasympathische Aktivität an inneren

Organen zurückzuführen ist, sondern vielmehr durch eine komplexe Verknüpfung afferenter wie efferenter Prozesse generiert wird.

Ein genauerer Wirkmechanismus der apparativen Vagusstimulation ist bisher jedoch nicht bekannt. Neben einer allgemeinen Inhibition werden verschiedene neurophysiologische Hintergründe diskutiert.

Ähnliches gilt für die „Vagusmeditation". Es wurde bereits angedeutet, dass sich der Ansatz von Schnack durch besonderen Pragmatismus auszeichnet. Er umfasst sieben heterogene Techniken, die zur Stimulation vagaler Aktivität geeignet erscheinen. Sie umfassen neben dem Ausüben mäßigen Drucks auf Augäpfel und Nasenscheidewand („Augenpressur"), einem visuellen „Verfolgen" der Einschlüsse in der Augenflüssigkeit („Cinema interne"), der Erzeugung von Vibrationen im Kehlkopfbereich und einem verstärkten Ausatmen auch drei Übungen, die auf eine bewusste Aktivierung einzelner Muskeln im Gesicht- und Halsbereich abzielen (Schnack, 2012, S. 43ff). Letztere weisen eine hohe Vereinbarkeit mit den praktischen und insbesondere sozialen Erfordernissen des Alltags auf, da sie jederzeit und vergleichsweise „unauffällig" praktiziert werden können. Außerdem besteht zwischen ihnen die höchste prozedurale Konsistenz. Die weitere Untersuchung soll sich daher auf diese Übungen beschränken.

Im Folgenden wird zunächst auf die beteiligten Strukturen eingegangen.

„Zoomen mit den Augen": die Aktivierung des Musculus rectus medialis zur Adduktion des Auges bei gleichzeitiger Nahakkomodation durch Musculus ciliaris erfolgt über einen Ast des Nervus oculomotorius, dem III. Hirnnerv (Aumüller, Aust, Engele & Kirsch, 2014, S. 982ff).

„Lachen mit den Augen": zur bewussten Glättung der Stirn ist eine Kontraktion des Musculus occipitalis erforderlich, welcher von einem Ast des N. facialis, dem VII. Hirnnerv, innerviert wird (ebd., S. 990 ff).

„Zungenstretching": das intensive Anheben des Zungengrundes aktiviert den Musculus palatoglossus, welcher gleichfalls von Fasern des N. glossopharyngeus, dem IX. Hirnnerv, als auch dem N. vagus innerviert wird (ebd., S. 995).

Die in diese Übungen eingebundenen Nerven haben eine Gemeinsamkeit: sie bilden die Gruppe jener Hirnnerven, die auch parasympathische/viszeromotorische Faseranteile führen (Trepel, 2012, S. 304).

Aus verschiedenen Gründen kann jedoch nicht auf eine Wechselbeziehung zwischen der Aktivität motorischer und parasympathischer Fasern geschlossen werden. Zunächst können motorische Efferenzen mit parasympathischen Efferenzen keine Reflexschleife bilden. Stellt man hingegen auf die durch die Muskelaktivierung entstehenden propriozeptiven Afferenzen ab, so ergibt sich das Problem, dass in den Hirnnervenkernen nicht die verschiedenen Faserqualitäten eines Hirnnervs zusammengeschlossen sind, sondern vielmehr identische Faserqualitäten unterschiedlicher Hirnnerven (ebd., S. 128). Es existiert zwar ein System internukleärer Verbindungen durch die Faserbündel der Fasciculi longitudinales medialis et dorsalis (Benninghoff & Drenckhahn, 2014, S. 400), jedoch liegt keiner der Effektoren der Hirnnerven III, VII und IX außerhalb der Kopf- und Halsregion. Demnach kommt auch bei einer hypothetischen Verbindung durch die Fasciculi keine Induktion der physiologischen Entspannungsreaktion auf diesem Wege infrage.

Anders verhält es sich beim Vagusnerv. Er steuert die relevanten Effektoren an. Demnach muss eine Verbindung in Betracht gezogen werden, die die durch die Übungen provozierten Afferenzen auf vagale Efferenzen verschaltet.

Tatsächlich sind Mechanismen dieser Art bekannt. Sie werden als trigemino-vagale Reflexe bezeichnet. Den aufsteigenden Ast des Reflexbogens bildet hierbei der Trigeminusnerv (V. Hirnnerv), welcher einen Großteil des Gesichts sensorisch innerviert. Dessen sensorische Afferenzen werden laut bisherigen Untersuchungen durch internukleäre Verbindungen in der Formatio reticularis auf parasympathische Efferenzen des N. vagus umgeschaltet (Schaller, 2004, S. 658). Die Folgen sind zum Teil dramatisch. So kommt es bei chirurgischen Eingriffen an Augen, Nasenscheidewand etc. häufig durch unbeabsichtigte Reizungen des Nervs zu plötzlichem Abfall von Blutdruck, Herzschlag- und Atmungsfrequenz (ebd., S. 661). Insbesondere der okulo-kardiale Reflex entfaltet dabei seine Wirkung bereits durch moderaten Druck auf die Augäpfel. Dessen Effekt macht sich auch Gerd Schnack durch die Übung der „Augenpressur" zunutze (Schnack, 2012, S. 67).

Es ist demnach denkbar, dass auch die durch die Muskelübungen erzeugten propriozeptiven Afferenzen mildere Formen einer vagalen Reaktion bzw. eine Entspannungsreaktion hervorrufen.

Sollte Gerd Schnack hierdurch die Vorlage einer Form der „aktiven" Vagusstimulation gelungen sein, so hätte dies auch Auswirkungen auf die Praktikabilität des Verfahrens. Im Gegensatz zu den bereits behandelten Entspannungsverfahren würde eine reflektorische Umschaltung keine höheren Verarbeitungsprozesse erfordern und gewissermaßen auf direktestem Wege eine Entspannungsreaktion induzieren. Dies könnte insbesondere den zeitlichen Aufwand für die Anwender verringern und der Integration einer Übungspraxis in die Vollzüge des Alltags förderlich sein.

Es erscheint daher lohnenswert, die möglichen Vorteile einer „Vagusmeditation" empirisch zu überprüfen.

Untersuchung von Entspannungsverfahren

Eine empirische Überprüfung von Entspannungsverfahren hat die Feststellung von Vorliegen und Ausprägung einer Entspannungsreaktion zur Grundlage. Diese kann anhand der bereits behandelten Anzeichen operationalisiert werden.

Psychologische Maße

Psychologische Instrumente zur Erfassung von Entspannungserleben sind nahezu ausschließlich mit klinisch-pathologischer Orientierung verfügbar. Exemplarisch sei der Hogrefe-Verlag erwähnt, der für die Messung von Entspannungserleben ausnahmslos Skalen mit symptombezogenen Items anbietet.

Dies scheint nicht zuletzt der in der Einleitung erwähnten Sachlage geschuldet, dass Entspannungsverfahren im universitären Bereich vorwiegend auf ihre therapeutische Nützlichkeit untersucht werden. Demgegenüber richten die Bereiche des Consultings, Coachings, der niedergelassenen Medizin etc. ihr Augenmerk auch auf präventive Aspekte, entfalten jedoch keine maßgeblichen Anstrengungen zur Entwicklung validierter Evaluations-Instrumente.

Im Einzelfall kann daher das Ausweichen auf globalere Maße angezeigt sein, sofern sie relevante Subskalen enthalten. In der vorliegenden Arbeit fiel die dementsprechende Wahl auf den „Fragebogen zur Erfassung körperlichen Wohlbefindens" (FEW16) bzw. die Subskala „Innere Ruhe" (Kolip & Schmidt, 1999; siehe Anhang, S. 76).

Beim FEW16 handelt es sich um ein paper-pencil-Testformat, welches die Wahrnehmung körperlichen Wohlbefindens anhand von 16 Items erfasst und auf 4 Subskalen abbildet. Wohlbefinden wird hierbei nicht als Abwesenheit von Symptomen bzw. „Nullpunkt auf einer Missbehagensskala" (Frank, 1991, S. 71) operationalisiert, sondern vielmehr als eigenständige körperbezogene Befindensqualität (Albani et. al., 2006, S. 173).

Die ausschließlich positiv gepolten Items werden anhand einer sechsstufigen Skala zwischen „trifft voll und ganz zu" und „trifft überhaupt nicht zu" beurteilt. Trotz des Skalenniveaus schlagen die Autoren eine metrische Behandlung der Ergebnisse vor. Der Antwort „trifft voll und ganz zu" wird dabei der Wert 5 zugeordnet, den weiteren Stufen ein um jeweils 1 verminderter Wert. Anschließend wird ein arithmetisches Mittel errechnet, wahlweise für die Gesamtskala oder die 4 Items einer Subskala.

2004 wurde das Verfahren anhand einer bevölkerungsrepräsentativen Stichprobe von 2591 Personen normiert (ebd., S. 173 f). Die ermittelte Norm wird in der weiteren Untersuchung jedoch keine Rolle spielen, da die Wirkung eines treatments anhand der Mittelwertsänderung zwischen zwei Messzeitpunkten beurteilt werden soll. Die Lage eines Messergebnisses innerhalb der jeweiligen Alters- oder Geschlechtsnorm ist diesbezüglich irrelevant. Für die Beurteilung der Güte des Fragebogens sind die Ergebnisse des Normierungsverfahrens hingegen bedeutsam. Zur Sicherung der Konstruktvalidität wurden sie mit Maßen des Körperbildes, der Besorgtheit und der Lebensqualität verglichen. Die Gesamtskala zeigte sich dabei konvergent zu einer „Vitalen Körperdynamik" (.70, FKB-20) und „Lebensqualität" (.65, EURO-HIS-QQL), und diskriminant zu einer „Ablehnenden Körperbewertung" (-.47, FKB-20), sowie Sorgen um die gesundheitliche (-.52), familiäre (-.25) und finanzielle (-.18) Situation. Für die Subskalen gelten nahezu identische Befunde (Albani et. al., 2006, S. 176). Damit verhält sich das Verfahren erwartungsgemäß, wenngleich die gegenläufigen Korrelationen nur mäßig ausgeprägt sind. Cronbach's Alpha liegt für die Gesamtskala bei .96 und für die Subskala „Innere Ruhe" bei .90, sodass von einer ausgeprägten internen Konsistenz gesprochen werden kann. Darüber hinaus korrelieren die Subskalen zwischen .90 und .91 mit den Ergebnissen der Gesamtskala, lassen sich jedoch weitestgehend auf einen Faktor je Skala zurückführen. Der dominante Faktor der Subskala „Innere Ruhe lädt dabei mit .77, .76, .72 und .50 auf dem jeweiligen Item (ebd., S. 175). Es ist demnach davon auszugehen, dass die Subskalen in der Lage sind, weitgehend eigenständige Facetten eines zugrundeliegenden Phänomens abzubilden. Außerdem wurde für den Zeitraum von drei Wochen eine Retest-Reliabilität von .73 für eine klinische Stichprobe und .74 für eine studentische Stichprobe ermittelt (Kolip & Schmidt, 1999, S. 82). In Anbetracht des gewählten Zeitraums und der erzielten Korrelationen kann die diesbezügliche Genauigkeit des Verfahrens als mäßig, aber ausreichend eingestuft werden.

Für das Verfahren existiert darüber hinaus keine Parallelform. Dies ist jedoch nur bedingt nachteilig, da der Einsatz einer „echten" Parallelform für eine Veränderungsmessung ungeeignet erscheint. Im diagnostischen Kontext ist eine Vergleichbarkeit einzelner Testformen möglich, da die Ergebnisse als Relation zu einer Stichprobenverteilung ausgedrückt werden können. Eine Veränderungsmessung beruht hingegen auf absoluten Werten ein- und desselben Probanden, da andernfalls bereits geringe, durch die Testform bedingte Abweichungen fälschlicherweise als phänomenale Veränderung aufgefasst werden könnten. Um dies zu vermeiden, sind etwaige Wiederholungseffekte entsprechend in Kauf zu nehmen.

Abschließend lässt eine Zusammenschau aller genannten Aspekte den FEW16, trotz vereinzelter Schwächen, als vertretbar und für den beabsichtigten Zweck geeignet erscheinen.

Physiologische Maße

Ansatzpunkte physiologischer Messungen sowie die zugehörigen Verfahren wurden bereits im betreffenden Abschnitt behandelt (S. 18 f.). Im Allgemeinen kommen dafür Indikatoren parasympathischer Aktivität infrage. Liegt eine Entspannungsreaktion vor, so entwickeln sich die Parameter von EMG, EKG, RR etc. in der Regel gegenläufig zur physiologischen Stressreaktion.

Da im Rahmen der angestrebten Untersuchung jedoch die Effekte kurzzeitiger Entspannungsübungen durch untrainierte Probanden zu ermitteln sind, fiel die Entscheidung auf die Aufzeichnung eines Elektroenzephalogramms. Dieses kann vegetativen Maßen dahingehend vorzuziehen sein, dass es feinere Abstufungen des allgemeinen Aktiviertheitszustands abbildet (Schandry, 1998, S. 220).

Aufgrund einer begrenzten Kenntnis aller dem hirnelektrischen Signal zugrundeliegenden Prozesse kann dessen Interpretation allerdings erschwert sein. Darüber hinaus erfordert die hohe Sensitivität des Elektroenzephalographen gesteigerte Sorgfalt bei der Messung. Daher ist eine eingehendere Auseinandersetzung mit dem Verfahren notwendig.

Erfassung hirnelektrischer Aktivität mittels Elektroenzephalographie

Anliegen der Elektroenzephalographie ist es, die Hirnaktivität mittels Ableitung der an der Schädeldecke auftretenden Potentialänderungen nichtinvasiv zu erfassen und in einem Elektroenzephalogramm (EEG) abzubilden.

Entstehung des aufzuzeichnenden Signals

Gelegentlich wird davon ausgegangen, dass der Elektroenzephalograph eine Summation der Aktionspotentiale synchron aktiver Neuronen abgreift. Gegen diese Annahme sprechen jedoch einige Anhaltspunkte. Zum einen beschränkt die Kürze des Aktionspotentials (1 – 2 ms) erheblich die Wahrscheinlichkeit einer ausreichenden Summation im Rahmen der Spontanaktivität, zum anderen ist das Aktionspotential einer Zelle bereits im Abstand von 1 µm zum Zellkörper kaum noch nachweisbar (Zschocke & Hansen, 2012, S. 2). Außerdem kann dieser Ansatz nicht die vergleichsweise „trägen Potentialschwankungen" erklären, die das EEG abbildet (ebd.).

Vielmehr ist anzunehmen, dass das EEG durch eine Registrierung der an postsynaptischen Zellmembranen auftretenden Potentialschwankungen generiert wird. Diese verlaufen bereits an der einzelnen Zelle wesentlich träger als das Aktionspotential und unterliegen darüber hinaus nicht dem Alles-oder-nichts-Gesetz. Hierdurch wird sowohl das Auftreten von Überlagerungen als auch die Form eines sich langsam verändernden Summenpotentials deutlich wahrscheinlicher (ebd.). Sobald sich infolge synchroner Potentialschwankungen Dipole gleicher Ausrichtung in ausreichender Anzahl summieren, entsteht demnach ein elektrisches Feld, das auch an der Schädeloberfläche registriert werden kann (ebd., S. 8).

Da neben der Synchronizität der zugrundeliegenden Aktivität auch ihre räumliche Nähe zum Ableitmedium ausschlaggebend ist, kommen für die Genese des abgeleiteten Signals vor allem Zellverbände des Kortex infrage (Gramann & Schandry, 2009, S. 137). Einige subkortikale Strukturen gelten jedoch als „Schrittmacher" der kortikalen Zellaktivität (ebd., S. 138). Dies gilt insbesondere für den Thalamus (ebd.; Zschocke & Hansen, 2012, S. 17).

Die Idee von einer Mitwirkung thalamischer Zellen an der Entstehung hirnelektrischer Grundrhythmen geht unter anderem auf die Entdeckung zurück, dass auch nach Abtragen des Kortex rhythmische Aktivität im Thalamus nachweisbar ist, aber nicht umgekehrt. Dieses Phänomen entdeckte Edgar Adrian 1941 bei Experimenten am Katzenhirn (Adrian, 1941, S. 176). Auch im menschlichen Gehirn sind Thalamus und Kortex durch ein Projektionssystem verschränkt. Innerhalb dieses Systems werden insbesondere sensorische Afferenzen vom Thalamus in die zugehörigen kortikalen Zentren projiziert (Zschocke & Hansen, 2012, S. 22).

Bei geringem sensorischen Input feuern thalamische Zellen in hoher Synchronizität mit Frequenzen zwischen 7 und 14 Hz (ebd., S. 23). Gleichzeitige Ableitungen aus Thalamus und Kortex legen nahe, dass dieses Phänomen an der Genese jenes Grundrhythmus des EEG beteiligt ist (ebd.), der den entspannten Wachzustand bei der überwiegenden Zahl der Erwachsenen dominiert (ebd., S. 83). Er erhielt die Kennung Alpha/α. Durch die besondere Synchronizität der ihm zugrundeliegenden Zelltätigkeit weist er vergleichsweise niedrige Frequenzen bei hoher Amplitude auf.

Steigt der sensorische Input, so kommt es zu einem zunehmend asynchronen Feuerungsverhalten thalamischer Zellen (ebd., S. 23). Daher weisen die abgeleiteten Summenpotentiale in diesem Zustand höhere Frequenzen bei niedrigerer Amplitude auf. Der entsprechende Rhythmus erhielt die Kennung Beta/β und wird durch Frequenzen zwischen 13 und 30 Hz charakterisiert.

In Anlehnung an diese Erkenntnisse liegt es zunächst nahe, α- und β-Rhythmik zur diagnostischen Abstufung allgemeiner kortikaler Erregtheit heranzuziehen. α-Aktivität könnte in diesem Sinne als Indikator für geringes kortikales arousal gewertet werden, β-Aktivität als Indikator für gesteigertes kortikales arousal (Gramann, 1998, S. 220; Gramann & Schandry, 2009, S. 138). Tatsächlich ist jedoch eine topologische Differenzierung notwendig. In Ruhe wird eine Ableitung über dem temporookzipitalen Kortex (sensorische Zentren) regelmäßig von α dominiert, während β diese Rolle über dem frontozentralen Kortex (motorische Zentren) einnimmt. Außerdem werden beide Rhythmen gleichermaßen unterdrückt, wenn in diesen Arealen die Aktivität ansteigt (Zschocke & Hansen, 2012, S. 90). Eine Dominanz einzelner Frequenzen im EEG ist daher stark von der gewählten Elektrodenposition abhängig und sagt im Zweifelsfall mehr über die grundlegende Aktivität des betreffenden Areals aus, als darüber, wie diese evaluativ einzuordnen ist.

Nichtsdestotrotz können weitere Frequenzbänder bestimmten Beobachtungen zugeordnet werden. So treten im EEG von gesunden Erwachsenen die Frequenzen zwischen 0 und 4 Hz selten im Wachzustand auf, kennzeichnen aber regelmäßig die Phasen des Tiefschlafs (Gramann & Schandry, 2009, S. 138). Sie werden mit Delta/δ gekennzeichnet.

Ausschläge zwischen 4 und 8 Hz tragen die Kennung Theta/θ. Sie werden vornehmlich in „dösendem Wachzustand" (ebd.), frühen Schlafstadien und tiefer Entspannung registriert. Am frontalen Kortex (exekutive Funktionen) herrschen sie hingegen auch bei gesteigerter Aufmerksamkeit und kognitiver Aktivität vor (ebd.).

Interpretation der α-Aktivität

In Anlehnung an die bisherigen Ausführungen kommen insbesondere α- und θ-Frequenzen als entspannungsrelevante Parameter infrage. Da θ mit Zuständen von Passivität und ausgesprochen tiefer Entspannung assoziiert wird, erscheint es im Kontext einer angeleiteten Entspannungsübung in Laboratmosphäre weniger relevant. Das folgende Augenmerk gilt daher dem α-Band.

Die Verwendung dieses Frequenzbandes birgt jedoch eine Herausforderung hinsichtlich der Ambivalenz seines Auftretens. Anspannung kann genauso zu einem Rückgang der α-Aktivität führen wie eine Senkung der Vigilanz (Wellach, 2015, S. 177; Zschocke & Hansen, 2012, S. 86). Dies erscheint zunächst kontradiktorisch, illustriert aber eine Doppelrolle: zum einen können α-Frequenzen als Grundrhythmus neuronaler Aktivität in den Blick genommen werden, zum anderen als Indikator einer neuronalen Synchronisierung.

Unter dem Gesichtspunkt der Grundrhythmik ist insbesondere ein Rückgang der α-Aktivität bei sinkender Vigilanz nachvollziehbar. Bei etwa 86 % der gesunden Erwachsenen dominiert α den allgemeinen Wachzustand (Zschocke & Hansen, 2012, S. 84). Im Zuge beginnender Schläfrigkeit nimmt dieser wachtypische Grundrhythmus ab und wird zunehmend von niedrigeren Frequenzen verdrängt, wie etwa dem θ-Band. Dieses Phänomen bezeichnet man auch als „α-Zerfall" (Wellach, 2015, S. 177).

Anders verhält es sich im Kontext von „Anspannung". Ein Rückgang von α-Aktivität kann in diesem Fall als Indikator einer abnehmenden Synchronisation neuronaler Aktivität verstanden werden. Dies ist auf eine erhöhte thalamokortikale Verarbeitungsrate von Reizen zurückzuführen (Zschocke & Hansen, 2012, S. 26).

Hiervon sind insbesondere visuelle Reize betroffen. Der sogenannte Berger-Effekt demonstriert diesen Zusammenhang eindrücklich. Das nach dem Begründer der Elektroenzephalographie benannte Phänomen bezeichnet die schlagartige Abnahme von α-Aktivität im okzipitalen/visuellen Kortex, sobald ein Proband die Augen öffnet (Grummett et. al., 2015, S. 1471). Daneben treten α-Wellen bei geöffneten Augen allgemein unregelmäßiger auf. In Untersuchungen, die sich auf ihre Erfassung konzentrieren, sollte dies entsprechend berücksichtigt werden (Schandry, 1998, S. 220).

Die ambivalente Bedeutung der α-Aktivität spiegelt sich auch in der empirischen Befundlage zur Entspannungsreaktion wieder. So wurden infolge von Autogenem Training, Progressiver Muskelrelaxation etc. sowohl signifikante Zunahmen als auch Abnahmen von α-Aktivität festgestellt (Krampen, 2013, S. 271 f; Vaitl, 2000, S. 61ff). Daher kann die Formulierung einer diesbezüglichen Hypothese für die folgende Untersuchung nur theoriegeleitet erfolgen.

Relevante Anhaltspunkte wurden bereits im Abschnitt „Psychologische Charakteristika einer Entspannungsreaktion" (S. 12 ff.) erarbeitet. Die Entspannungsreaktion ist demnach insbesondere durch sinkendes arousal und erhöhte Wahrnehmungsschwellen charakterisiert. Vergleiche mit dem Schlaf und schlafähnlichen Zuständen ergeben sich hinsichtlich eines Erlebens von geistiger und körperlicher Erholung, jedoch weniger im Hinblick auf eine wesentliche Minderung der Vigilanz.

Demzufolge soll ein „α-Zerfall" durch Vigilanzminderung zunächst ausgeschlossen werden. Stattdessen wird im Zuge der Entspannungsreaktion ein Zuwachs von α-Aktivität infolge einer neuronalen Synchronisation bzw. Reduktion thalamokortikaler Erregung erwartet.

Ableitung des EEG

Das EEG wird durch einen Elektroenzephalographen erstellt, welcher in der Regel aus ableitenden Elektroden, Referenzelektroden, Verstärkereinheit und Schreibelement besteht.

Weite Verbreitung hat dabei die Referenz- bzw. Bezugspunktableitung gefunden, bei der das Signal aller ableitenden Elektroden mit einer „inaktiven" Referenzelektrode (natürliche Referenz) oder einem gemittelten Referenzwert aller Elektroden (technische Referenz) abgeglichen wird (Zschocke & Hansen, 2012, S. 43). Die hierdurch entstehenden Differenzen ergeben das Eingangssignal eines Differenzverstärkers. Dieser potenziert es und leitet es an den „Schreiber" weiter. Aufgrund der begrenzten Geschwindigkeit analoger Zeigerausschläge operiert das Schreibelement zwischenzeitlich häufig digital, gegebenenfalls auch papierlos. Dementsprechend kann eine Speichereinheit nachgeschaltet sein (ebd., S. 41).

Diese Beschreibung entspricht zunächst dem grundlegenden Aufbau jedes Elektroenzephalographen. Konkret wurde in der vorliegenden Untersuchung das EEG-Headset „Epoc" von Emotiv Limited verwendet.

Beim Aufsetzen des Headsets werden 14 ableitende Elektroden und 2 Referenzelektroden gemäß dem „10% system" bzw. erweitertem 10-20-System auf der Kopfhaut platziert (Nuwer et. al., 1999, S. 13).

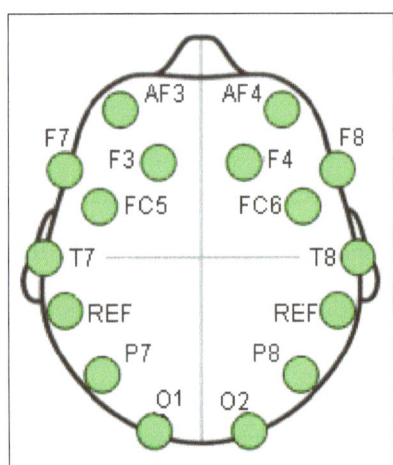

Abbildung 5: Elektroden-Anordnung des Epoc (Elemaya, 2013)

Entsprechend der Abbildung entfallen hiervon 8 Elektroden auf die Ableitung über frontalis, und jeweils 2 Elektroden auf die Ableitung über temporalis, parietalis und occipitalis. Die korrekte Ausrichtung erfolgt über das Ansetzen der beiden Referenzelektroden (REF) in die über dem Ohr befindliche Vertiefung des Os temporale. Dabei erlaubt die Bauart des Headsets eine automatische Anpassung an verschiedene Kopfformen. Die Leitfähigkeit zwischen Elektrode und Kopfhaut wird nicht durch Klebeleitpaste oder Elektrodengel hergestellt, sondern über ein austauschbares Schwamm-Element, welches mit einem Elektrolyt gesättigt ist. Hierfür eignet sich besonders isotone Kochsalzlösung (0,9 %). Die abgeleiteten Hirnströme werden vom Headset verstärkt, digitalisiert und per Bluetooth-Technologie an einen Rechner weitergeleitet. Hierdurch ist das Gerät besonders für Versuchsanordnungen geeignet, die die Mobilität des Probanden erfordern.

Nachteilig stellt sich hingegen die Unveränderbarkeit der Elektrodenpositionen dar. Die Anordnung erscheint topologisch unausgeglichen und für die Untersuchung kognitiver Prozesse vorgesehen, da sich ein Großteil der Elektroden über dem frontalen Kortex befindet. Gemäß den Ausführungen im Abschnitt „Entstehung des aufzuzeichnenden Signals" (S. 34 ff.) wäre für ein Abgreifen von α-Aktivität eine höhere Elektrodenzahl über dem okzipitalen Kortex zu bevorzugen (siehe auch Zschocke & Hansen, 2012, S. 87). Die Lage der Referenz ist demgegenüber als positiv zu beurteilen. Für die Detektion von α-Aktivität ist sie besonders günstig, da Ohrreferenzpunkte lediglich durch EEG-Anteile belastet sind, welche naturgemäß einen geringen Anteil an α-Frequenzen enthalten (ebd., S. 57 & 87).

In dieser Hinsicht ist auch die Abtastrate zu berücksichtigen. Das Headset tastet mit 128 Hz ab (Emotiv Limited, 2016), die höchste auswertbare Frequenz liegt entsprechend bei 64 Hz (Nyquist-Abtasttheorem: Abtastrate/2; Gramann & Schandry, 2009, S. 141). Demnach ist das Epoc für das Abgreifen von α-Frequenzen (8 – 13 Hz) prinzipiell einsetzbar.

Zur Beurteilung der Messqualität des Headsets liegt außerdem eine erste Untersuchung vor, welche die Leistung des Epoc mit der von drei herkömmlichen Systemen verglich. Hierzu wurden verschiedene „neurophysiological tasks" formuliert. (Grummett et. al., 2015, 1471). Zunächst wurde die Abbildung des Berger-Effekts überprüft. Diesbezüglich war die Funktion des Epoc einwandfrei (ebd., S. 1482). Außerdem sollten die Geräte die visual steady-state response (VSSR) darstellen. Dieses Phänomen zeichnet sich ab, wenn ein Proband mit einem repetitiven Stimulus konfrontiert wird, beispielsweise per Stroboskop. In der Regel wird daraufhin jene Frequenz im EEG dominant, welche der des Stimulus entspricht. Auch bei der Abbildung der VSSR war die Genauigkeit des Epoc mit der von Laborgeräten vergleichbar (Grummett et. al., 2015, S. 1482). Darüber hinaus gelang es dem Team um Alireza Tahmasebzadeh, das Headset für die Detektion von P300 einzusetzen. Hierbei handelt es sich um ein ereigniskorreliertes Potential, welches in der Regel 300 ms nach Wahrnehmung eines „unerwarteten" Reizes als positiver Ausschlag in Erscheinung tritt (Tahmasebzadeh, 2013, S. 1070 ff.).

Diese Ergebnisse sprechen für den Einsatz des Headsets. Allerdings weist es ein signifikant höheres Grundrauschen als herkömmliche Systeme auf. Infolge dessen kann es zu einer Überschätzung der Power (Definition: S. 41) von α-, β- und θ-Frequenzen kommen (Grummett et. al., 2015, S. 1482). Für den vorgesehenen Einsatz ist dieser Befund jedoch relativ unproblematisch, da von einem Grundrauschen eine gewisse Konstanz anzunehmen ist. Im Rahmen einer experimentellen Vergleichsmessung sollten gerade solche Konstanten die Feststellung von Veränderungen aus anderer Quelle nicht beeinträchtigen.

In der Gesamtbetrachtung erscheint eine Verwendung des Epoc daher vertretbar. Negativ fällt zunächst die fixe Elektrodenpositionierung auf. Andererseits bietet die Konstruktion des Epoc beim geplanten Versuchsablauf besondere Vorteile, da während der Entspannungsübungen verrutschende Elektroden vergleichsweise schnell repositioniert und nachbenetzt werden können. Dies minimiert störende Eingriffe in die Entspannungsphase.

Artefakte im EEG

Zur Aufzeichnung der hirnelektrischen Aktivität müssen äußerst geringe Ströme im Bereich eines Millionstel Volt registriert werden. Hierfür ist ein ebenso empfindliches elektrisches Sensorium erforderlich, welches neben dem beabsichtigten Signal für viele weitere empfänglich ist. Daher ist das EEG artefaktbehaftet. Im experimentellen Kontext stellen Artefakte eine Quelle von Störvarianz dar, die bei der Versuchsplanung entsprechend berücksichtigt werden muss.

Grundlegend kommen Artefakte physiologischer Herkunft und technische Artefakte infrage.

Artefakte physiologischer Herkunft können bereits durch die Pulsation von Blutgefäßen unter der Elektrode entstehen, aber auch durch das unbeabsichtigte Aufzeichnen von Herztätigkeit oder Hautpotentialschwankungen (Schwitzartefakte). Eine simultane Aufzeichnung von EKG und GSR kann daher gegebenenfalls sinnvoll sein, um entsprechende Passagen zu identifizieren (Gramann & Schandry, 2009, S. 134 ff). Darüber hinaus kommen Lidschläge, Augenbewegungen und Muskelpotentiale als biologische Artefaktquellen infrage (ebd.). Da

Lidschläge und Augenbewegungen in der Regel unwillkürlich erfolgen, sind sie in gewissem Rahmen einzukalkulieren. Insbesondere willkürliche Muskelkontraktionen können jedoch bereits durch geeignete Instruktion des Probanden auf ein Minimum reduziert werden.

Technische Artefakte können durch externe elektrische Einstreuungen (bspw. Hochfrequenzen durch Rundfunk), elektrostatische Phänomene (bspw. Aufladung durch reibende Fußböden) oder Störungen an den verwendeten Geräten (bspw. kurzgeschlossene Elektroden durch zusammenfließendes Leitmedium) auftreten (Zschocke & Hansen, 2012, S. 507 ff). Externe elektrische Einstreuungen lassen sich letztlich nur durch faradaysche Abschirmung des gesamten Laborraums ausschließen, in allen weiteren genannten Fällen kann die Artefaktbehaftung durch Sorgfalt bei der Planung und Ausführung minimiert werden.

Auswertung des EEG

Aussagekräftig wird das EEG dadurch, dass bestimmten Wellenmustern Zustände kortikaler Erregtheit oder ereigniskorrelierte Reaktionen zugeordnet werden. Wird ein Spontan-EEG aufgezeichnet, also keine besondere Stimulation während der Aufzeichnung vorgenommen, so besteht in nicht-klinischen Kontexten in der Regel ein Interesse am Anteil einzelner Frequenzbänder am Gesamtsignal.

Hierfür wird zunächst das EEG-Rohsignal mittels Fourier-Analyse in seine unterschiedlichen Frequenzen bzw. Sinuskurven dekomponiert (Schandry, 1998, S. 239). Anschließend können positive und negative Ausschläge einer Frequenz quadriert und aufaddiert werden. Trägt man die resultierende Gesamtamplitude (μV) gegen die jeweiligen Frequenzen ab, so erhält man das „Power-Spektrum" einer Messung (ebd., S. 240).

Darüber hinaus kann die „Power" eines Frequenzbandes ($\mu V^2/Hz$) als Integral unter dem betreffenden Abschnitt der Spektralkurve ermittelt werden (Frohne, 2002, S. 6). Anhand der Power ist dementsprechend auch eine von den übrigen Messdaten unabhängige Interpretation möglich. Hierdurch scheint sie insbesondere für das Testen von Hypothesen geeignet, welche Annahmen über die Beeinflussung einzelner Frequenzbänder durch experimentelle treatments formulieren.

Methode

In der folgenden Untersuchung sollen nun die Vagusmeditation nach Schnack (Vm) und die Progressive Muskelrelaxation nach Jacobson (PMR) einer vergleichenden Evaluation unterzogen werden.

<u>Hypothesen</u>

Der Untersuchung liegt zunächst die Hypothese zugrunde, dass sowohl Vagusmeditation als auch Muskelrelaxation dafür geeignet sind, Entspannungsreaktionen zu induzieren. Diese Annahme soll anhand einer Veränderungsmessung zwischen zwei Messzeitpunkten m1 (vor der Entspannungsübung) und m2 (nach der Entspannungsübung), ceteris paribus, überprüft werden.

Es sei dementsprechend als Nullhypothese angenommen:

$H_0: \mu_{m1} \geq \mu_{m2}$

Der Mittelwert entspannungsrelevanter Parameter verändert sich zwischen den Messzeitpunkten m1 und m2 nicht signifikant (oder sinkt).

Als Alternativhypothese gelte:

$H_1: \mu_{m1} < \mu_{m2}$

Der Mittelwert entspannungsrelevanter Parameter erhöht sich zwischen den Messzeitpunkten m1 und m2 signifikant. Mit einer Irrtumswahrscheinlichkeit von maximal 5 % (p ≤ .05) kann die Nullhypothese verworfen werden.

Diese Hypothesen beziehen sich auf die generelle Effektivität der untersuchten Verfahren. Es besteht jedoch eine unterschiedliche Erwartung bezüglich der Effizienz dieser Verfahren, insbesondere der zeitlichen Effizienz. Als Besonderheit der Vagusmeditation wird ihr Anspruch erachtet, den Nervus vagus reflektorisch zu aktivieren und dadurch einen schnellstmöglichen Entspannungseffekt zu erzielen.

Es sei daher weiterhin angenommen:

H_0^{II}: $\mu_{PMR} \geq \mu_{Vm}$

Die ermittelte Veränderung entspannungsrelevanter Parameter unterscheidet sich zwischen den untersuchten Verfahren nicht signifikant (oder ist bei PMR höher).

Als Alternativhypothese gelte:

H_1^{II}: $\mu_{PMR} < \mu_{Vm}$

Die ermittelte Veränderung entspannungsrelevanter Parameter ist für Vm signifikant höher als für PMR. Mit einer Irrtumswahrscheinlichkeit von maximal 5 % (p ≤ .05) kann die Nullhypothese verworfen werden.

Variablen

Das weitere Vorgehen leitet sich aus den Hypothesen ab. Zunächst sollen daher die enthaltenen Variablen konkretisiert werden.

Vom Versuchsleiter werden Messzeitpunkt und angewandtes Entspannungsverfahren variiert.

Das anzuwendende Verfahren (UV1) wird dabei dem jeweiligen Probanden zufällig zugewiesen und kann die Ausprägungen Vm und PMR annehmen. Unter Anwendung des Verfahrens ist eine standardisierte Instruktion (siehe Anhang, S. 79 ff.) zu verstehen, sowie die Sicherstellung einer korrekten Ausführung der Übungen. Da ein Interesse an Kurzzeiteffekten besteht, ist die Anwendungsphase auf 10 Minuten beschränkt.

Außerdem durchläuft jeder Proband eine Variation des Messzeitpunkts (UV2) mit den Stufen m1 (Vorher-Messung) und m2 (Nachher-Messung).

Die auf Verfahren und Messzeitpunkt zurückgeführte Entspannung des Probanden (AV) wird anhand der Messung „entspannungsrelevanter Parameter" operationalisiert. Als psychologischer Parameter dient dabei ein Mittelwert des FEW16 bzw. der Subskala „Innere Ruhe" (Items 3, 6, 14 und 15; siehe Anhang, S. 76).

Als physiologischer Parameter dient die ermittelte Power der α-Frequenzen in einem Spontan-EEG. Zur Messung wird das „Epoc" von Emotiv Limited verwendet.

Von beiden Parametern wird im Zuge der Entspannungsreaktion ein Anstieg erwartet.

Um die Annahme einer kausalen Beziehung zwischen unabhängigen und abhängigen Variablen gerechtfertigt erscheinen zu lassen, sind außerdem mögliche Störvariablen zu berücksichtigen.

Eine Störvariable, die die Probanden selbst betrifft, ist ihre Erfahrung im Umgang mit Entspannungsverfahren. Es ist davon auszugehen, dass regelmäßiges Entspannungstraining einen Lernprozess initiiert, infolgedessen der Anwender auf Entspannungsübungen schneller und ausgeprägter mit einer Senkung der physiologischen Erregungsbereitschaft etc. reagiert (Vaitl, 2009, S. 18.). Unterschiede zwischen trainierten und untrainierten Probanden können demnach deren Reaktion auf die unabhängige Variable beeinflussen. Dieser Einfluss wurde durch Konstanthalten und Randomisierung gleichermaßen kontrolliert. Zunächst wurden explizit Probanden angeworben, die seit mindestens einem Jahr kein regelmäßiges Entspannungstraining durchgeführt hatten. Außerdem wurden die Probanden gebeten, über alle Erfahrungen zu berichten, die im weitesten Sinne mit Entspannungsübungen zu assoziieren sind. Im Ergebnis fand sich nur ein Teilnehmer, der einige Jahre zuvor PMR praktiziert hatte. Alle anderen waren lediglich in Kontakt zu unsystematischen Entspannungsübungen gekommen, wie Phantasiereisen in der Schule, Einmal-Meditationen etc., oder berichteten von persönlichen Entspannungsritualen wie Weintrinken, Hören der Lieblingsmusik und ähnlichem.

Eine weitere Quelle von Störvarianz stellen die verwendeten technischen Geräte dar. Wie bereits erwähnt, ist das EEG artefaktbehaftet. Die unbeabsichtigte Aufzeichnung von Pulsaktivität, Schwitzartefakten, Augenbewegungen etc. ist jedoch kaum auszuschließen. Auch externe elektrische Einstreuungen sind nur zu vermeiden, indem der Laborraum zum Faradayschen Käfig umkonstruiert wird. Ein solcher Raum steht nicht zur Verfügung, und würde darüber hinaus laborinternen Problemen, wie elektromagnetischen Feldern durch Deckenbeleuchtung, Rechner etc. ebensowenig abhelfen. Dementsprechend können Artefaktquellen dieser Art nicht ausgeschlossen werden, sondern lediglich bei der Auswertung Berücksichtigung finden. Da die Auswertung automatisiert erfolgte, wurde bei Verwendung der Analyse-Software EEG14 (Elemaya, 2013) der entsprechende Algorithmus zur Artefaktkorrektur eingesetzt.

Elektrostatische Artefakte (bspw. durch Umhergehen auf reibendem Fußboden) und Artefakte durch Mängel bei der Verwendung der technischen Geräte (bspw. Elektrodenkurzschluss durch Zusammenfließen von Elektrolyt) wurden durch entsprechende Sorgfalt minimiert. Um eine gleichbleibende Leitfähigkeit der Elektroden zu gewährleisten, wurden außerdem alle Probanden um eine Haarwäsche gebeten, sowie um den Verzicht auf Haarkosmetik.

Auch das Problem der Bewegungsartefakte wurde in Zusammenarbeit mit den Probanden adressiert. Vor den Messphasen wurden sie in eine komfortable Körperhaltung gebracht und dazu angehalten, sich während der Messung nicht willkürlich zu bewegen. Größere Abweichungen von dieser Maßgabe waren im einlaufenden Signal gut sichtbar, und wurden in der Regel auch vom Probanden selbst registriert und rückgemeldet. Daher konnten in den entsprechenden Fällen Zweitaufzeichnungen vorgenommen werden.

Des Weiteren ist davon auszugehen, dass sich alle unvermeidbaren oder vom Software-Algorithmus nicht erfassten Artefakte gleichmäßig auf Kontroll- und Experimentalgruppe verteilen und entsprechend ausmitteln.

Da die vorgenommene EEG-Untersuchung der Detektion von α-Aktivität diente, waren außerdem die Phänomene rund um den Berger-Effekt zu berücksichtigen. Diesbezüglich wurde bereits im Abschnitt „Interpretation der α-Aktivität" (S. 36 f.) darauf eingegangen, dass α-Frequenzen nur unregelmäßig auftreten, solang die Augen geöffnet sind. Dementsprechend wurde die eigentliche Messung bei geschlossenen Augen durchgeführt.

Dennoch wurde sie um eine Messung bei geöffneten Augen ergänzt. Zum einen, weil ein Datensatz, welcher beide Modalitäten enthält, zur Sicherung der ökologischen Validität des Ergebnisses dienen kann. Zum anderen, weil eine Abbildung des Berger-Effekts auch im Rahmen der vorliegenden Untersuchung einen nützlichen „task" für das Epoc darstellt. Ein signifikanter Unterschied der α-Power zwischen den Messungen mit geöffneten und geschlossenen Augen könnte demnach als erster Hinweis auf brauchbare Messergebnisse herangezogen werden.

In diesem Kontext war auch die sogenannte α-Blockade einzukalkulieren. Sie gilt als Teil der natürlichen Orientierungsreaktion und führt von 500 ms bis einige Sekunden nach der Augenöffnung zum vollständigen Ausfall von α-Aktivität (Schandry, 1998, S. 220; Zschocke & Hansen, 2012, S. 88). Da die genaue Dauer interindividuell variiert, hätte eine Einbeziehung dieses Zeitraums zu Verzerrungen in der Berechnung der α-Power geführt. Mit der eigentlichen Messung wurde daher regelmäßig erst 10 Sekunden nach Öffnen der Augen begonnen.

Ähnliches galt für die Messung bei geschlossenen Augen, welche jeweils zuerst durchgeführt wurde (auf diese Weise konnte der Proband im Anschluss an die Entspannungsübungen zunächst den Augenschluss beibehalten). Um einen verbindlichen Zeitpunkt zu markieren, ab dem willkürliche Bewegungen kontraproduktiv seien, war zunächst eine Mitteilung des genauen Messbeginns notwendig. Allerdings verursachte auch die Ankündigung selbst regelmäßig starke Potentialschwankungen im EEG. Daher wurde die tatsächliche Messung erst nach dem Abklingen dieser Reaktion gestartet, jedoch wenigstens 10 Sekunden nach dem vermeintlichen Messbeginn. Eine umgekehrte Handhabung erfolgte jeweils zur Beendigung der Messung.

Ein nicht zu vernachlässigender Anteil an Störvarianz kann darüber hinaus von der experimentellen Umgebung ausgehen. Insbesondere unerwarteten visuellen und auditiven Reizen musste in diesem Zusammenhang Beachtung geschenkt werden, da auch sie eine α-Blockade auslösen bzw. anderweitig irritieren können. Zunächst wurde daher der Lichteinfall durch die Fenster gedämmt, um plötzliche Reflexionen durch gegenüberliegende Fenster etc. zu vermeiden. Außerdem war der Vorraum zwischen Labor und Probanden-Wartezone stets unzugänglich. Zum einen wegen der Geräuschkulisse, zum anderen, damit die Teilnehmer sich nicht gegenseitig das Gefühl von Zeitdruck vermitteln. Diese Handhabung funktionierte auch, allerdings wurden die Versuche unregelmäßig durch Bohr- und Rasenmähergeräusche etc. gestört. Solche Vorfälle wurden dokumentiert, um die betroffenen Datensätze ggf. gesondert behandeln zu können. In der Regel gaben die Probanden jedoch an, kaum irritiert gewesen zu sein, insbesondere nach Beginn der Entspannungsübungen.

Eine weitere Quelle von Störvarianz stellten die unterschiedlichen Ausgangsbedingungen der Teilnehmer dar. Einigen Probanden blieb nach ihrer Ankunft noch genügend Zeit, um zu akklimatisieren, andere hatten sich noch wenige Momente vor Beginn auf dem Fahrrad angestrengt etc. Diesem Problem wurde zum einen durch Randomisierung begegnet, zum anderen durch das Format einer Vergleichsmessung. Hierbei diente jeder Proband gewissermaßen als seine eigene Kontrollgruppe, da er zunächst den Wert einer Baseline-Messung zugewiesen bekam. Durch einen Vergleich mit dem Messwert nach der Entspannungsübung konnten dann Abweichungen gebildet werden, die um die unterschiedlichen Ausgangsbedingungen bereinigt waren.

Alle weiteren personengebundenen Störvariablen wurden per Randomisierung kontrolliert. Auf die Verwendung von Quasi-Zufallsziehungen durch Software-Algorithmen oder ähnliches wurde dabei verzichtet. Stattdessen kam ein Würfel als physikalischer Zufallsgenerator zum Einsatz.

Darüber hinaus wurde versucht, eine Vergleichbarkeit der Ergebnisse durch maximale Konstanz im gesamten Versuchsablauf zu sichern. Besonderes Augenmerk galt hierbei einer möglichen Beeinflussung der Probanden durch den Versuchsleiter. Sämtliche Instruktionen wurden daher anhand von vorab definiertem Textmaterial (siehe Anhang, S. 77 ff.) gegeben. Um einer etwaigen Störung durch Impulse sozialer Reaktivität vorzubeugen, wurde den Probanden außerdem der Eindruck vermittelt, dass sie während der Messungen keinesfalls beobachtet würden, da der Versuchsleiter das eingehende Signal auf dem Bildschirm zu kontrollieren habe.

Treatment – Auswahl der Techniken

Auf eine Vielzahl von Variablen wurde bereits eingegangen, einschließlich der eingesetzten Messverfahren. Im Folgenden soll daher auch die Anpassung der untersuchten Verfahren an den experimentellen Kontext näher erläutert werden.

Die Textvorlage für die Progressive Muskelrelaxation entstammt einer Audio-Produktion der Techniker Krankenkasse und wurde unter anderem von Heinz Dieter Basler, dem Direktor des Instituts für medizinische Psychologie der Universität Marburg, erstellt (Basler & Rehfisch, 2016). Aufgrund des einheitlichen Funktionsprinzips der einzelnen Techniken sind diese als weitgehend austauschbar zu erachten. Der Langform wurden daher Instruktionen für die An- und Entspannung von Hand-, Arm-, Bauch-, Rücken-, Bein- und Fußmuskulatur entnommen und zu einer sechsteiligen Übungssequenz kombiniert (siehe Anhang, S. 81 f.).

Da die Instruktionen für die Vagusmeditation im „Großen Ruhe-Nerv" ausgesprochen kurz gehalten sind, wurden in enger Anlehnung an Schnack eigene Formulierungen erarbeitet (Schnack, 2012, S. 44 f.). Das zugrundeliegende Übungsspektrum ist im Gegensatz zur Muskelrelaxation jedoch sehr heterogen. Außerdem bedarf es im Regelfall einiger Erklärungen und ggf. Demonstrationen für eine erfolgreiche Durchführung. Daher wurde die Anzahl der verwendeten Techniken zunächst auf drei reduziert, um eine Lern- und Wiederholungsphase in den gesetzten Zeitrahmen integrieren zu können. Ausgewählt wurden jene Techniken, die sich durch Alltagstauglichkeit und prozedurale Konsistenz auszeichnen. Im Versuch wurde dann die Aktivierung der Muskeln um Auge, Stirn/Hinterkopf und Rachenraum zunächst eingeübt und anschließend selbständig wiederholt, sodass auch hier eine sechsteilige Übungssequenz entstand (siehe Anhang, S. 79 f.).

Beide Verfahren mussten sich unter strengen Bedingungen bewähren, da die Anwendungszeit auf jeweils 10 Minuten begrenzt wurde.

Design

In Zusammenfassung der vorangegangenen Überlegungen lässt sich das Versuchsdesign formulieren.

Ziel ist die Beurteilung von Effektivität und Effizienz der Vagusmeditation nach Schnack.

Kennwerte zur Beurteilung der Effektivität werden anhand einer Veränderungsmessung (Messwiederholungsfaktor) ermittelt.

Um einen Maßstab für die Beurteilung der Effizienz des Verfahrens zu erhalten, werden die Ergebnisse jedoch nicht einer Kontrollgruppe bzw. Plazebo gegenübergestellt, sondern einer Vergleichsgruppe, welche ein etabliertes Verfahren praktiziert (Zwischengruppenfaktor Entspannungsverfahren). Als solches wird die Progressive Muskelrelaxation nach Jacobson eingesetzt.

Zur Beurteilung der Verfahren werden sowohl psychologische (FEW16) als auch physiologische Daten (α-Power) erhoben.

Aufgrund der Eigenart des treatments können Effekte der sozialen Interaktion nicht durch Verblindung minimiert werden, personengebundene Störgrößen werden jedoch durch Randomisierung kontrolliert.

Stichprobe

Insgesamt nahmen 40 Personen am Versuch teil, davon waren 29 weiblichen Geschlechts. Das Alter der Teilnehmer lag zwischen 19 und 59 Jahren, davon waren 37 Probanden zwischen 19 und 32 Jahre alt. 34 Probanden waren Studierende, 5 berufstätig, 1 Schülerin. Nur etwa die Hälfte der Probanden entstammte dem Versuchspersonen-Apparat der Fakultät, wodurch die Motivation zur Teilnahme als vergleichsweise vielfältig angesehen werden kann.

Versuchsablauf

Vor dem Eintreffen des Probanden wurde die Zufallszuweisung vorgenommen, und sichergestellt, dass die zu erhebenden Daten entsprechend indiziert sind, Zeitstempel korrekt zugeordnet werden können, usw. Nach Betreten des Versuchsraums bekam der Proband eine erste Gelegenheit, um Fragen zu stellen, die in der Einladung offen geblieben waren, und Unklarheiten abzuklären. Fragen zum Ablauf wurden vollständig geklärt, Fragen zum Forschungsinteresse insofern beantwortet, wie sie nicht die Hypothesen des Versuchsaufbaus berührten. Nachdem der Versuchsleiter über den weiteren Ablauf informiert hatte, nahm er in einem kurzen Interview Daten zu Alter, Geschlecht und Berufsstand bzw. Motivation zur Teilnahme auf. Außerdem wurde der Erfahrungshorizont im Umgang mit Entspannungsverfahren erörtert und dokumentiert. Danach wurde der Proband gebeten, an einem Computerarbeitsplatz Platz zu nehmen und sich mit der Instruktion des FEW16 vertraut zu machen. Verständnisfragen bezüglich der Instruktion wurden beantwortet, die Interpretation einzelner Items jedoch dem Probanden selbst überlassen. Die Skalierung erfolgte elektronisch per Bildschirm und Maus. Im Anschluss sendete der Proband selbst die Ergebnisse, anonymisiert und zeitgestempelt, an eine Online-Datenverwaltung.

Nun wechselte der Proband auf den Sitz für die EEG-Messung. Nach einer kurzen Aufklärung über die notwendigen Handgriffe, und möglicherweise auftretende Sensationen durch Alkohol und Elektrolyt, wurde das EEG-Headset an die Referenzpunkte angelegt, ausgerichtet und aufgebracht. Um eine Vergleichbarkeit der Ableitorte zu gewährleisten, wurde zunächst ein Mindestmaß an Konformität mit dem „10% system" sichergestellt. Dann erfolgte eine technische Überprüfung, die die Inbetriebnahme des Geräts, das Herstellen einer Verbindung, und eine erste Feststellung der Signalqualität an den Sensoren umfasste (diese wird von der Aufzeichnungssoftware Testbench [Emotiv Limited, 2016] anhand eines fünfstufigen Farbsystems kodiert). Im Anschluss wurde durch Maßnahmen wie Reposition der Elektrode, Präparation der darunterliegenden Kopfhaut, Nachlegen von Elektrolyt etc. für die beste Signalqualität an allen 14 Elektroden gesorgt. Sobald alle Elektroden einwandfrei sendeten, wurde der Proband in jene Position gebracht, die der liegenden am ehesten entspricht, aber seinem Bequemlichkeitsempfinden nicht zuwiderläuft.

Daraufhin wurde dem Teilnehmer erklärt, dass nun die Baseline-Messung anstehe, zunächst eine Minute mit geöffneten Augen, dann eine Minute mit geschlossenen Augen. Der Proband wurde gebeten, den Zeitraum der Messung bewegungslos zu verbringen. Außerdem wurde er auf eine 60 x 90 cm große Schwarzweiß-Graphik (Aufnahme eines Stücks Asphalt, keine besonders salienten Strukturen) hingewiesen, die sich seit Einnehmen der „Liegeposition" in seinem Blickfeld befand. Er wurde aufgefordert, den Blick während der Messphase mit geöffneten Augen über diese Graphik schweifen zu lassen, jedoch nicht zu fixieren. Diese Maßgabe war notwendig, da die für eine Fixation notwendige Augenmuskulatur auch den Angriffspunkt der ersten Übung der Vagusmeditation darstellt, und ihre unbewusste Aktivierung gegebenenfalls den Sinn einer Baseline-Messung unterlaufen hätte. Um einer Ablenkung durch soziale Reaktivität zuvorzukommen, wurde dem Probanden außerdem versichert, dass er während der Messungen nicht beobachtet würde. Sobald der Proband Klarheit über alle Versuchsbedingungen signalisierte, wurde letztmalig die Signalstärke überprüft und mit der ersten Baseline-Messung begonnen. Nach einmütiger Messung mit geschlossenen Augen wurde der Proband aufgefordert, die Augen zu öffnen und den Blick in der nächsten Minute über die Graphik schweifen zu lassen. Wenn Bewegungsartefakte erkennbar waren oder sich die Signalstärke von Elektroden verschlechterte, wurde die Aufzeichnung gegebenenfalls wiederholt.

Nach Abschluss der Baseline-Messung wurde mit den Entspannungsübungen begonnen. Zur Erhöhung der „Privatsphäre" befand sich der Versuchsleiter dabei in der Regel in einiger Entfernung seitlich vom Probanden, ohne ihn frontal zu taxieren. Im Fall der Progressiven Muskelrelaxation wurde aus dieser Position die Anleitung gegeben, während der Proband die Übungen selbständig durchführte. Bei der Vagusmeditation verhielt es sich etwas anders. Hier erfolgte zunächst eine Einübungsphase, in der der Versuchsleiter sich im Blickfeld des Probanden aufhielt, um ihm die Lokalisation einzelner Muskeln an sich selbst demonstrieren zu können, visuelles Feedback über die korrekte Ausführung zu erhalten, gegebenenfalls zusätzliche Hinweise zu geben etc. Sobald eine sichere Ausführung der Übungen absehbar war, zog sich der Versuchsleiter in seine übliche Position zurück, und wiederholte die Instruktionen, während der Proband diese selbständig und mit geschlossenen Augen umsetzte. Bei beiden Verfahren wurde die Anwendung der einzelnen Übungen auf insgesamt 10 Minuten begrenzt. Nach der letzten Übung wurde der Proband jeweils aufgefordert, noch einige Zeit im Zustand der geschlossenen Augen und der entspannt-bewegungslosen Haltung zu verbleiben, während der Versuchsleiter die vorletzte Messung startete. Anschließend wurde nochmals eine Minute mit geöffneten Augen gemessen. Dann erhielt der Proband die Möglichkeit, sich zu dehnen etc. und den Zustand der Passivität zu verlassen. Währenddessen wurde das Headset abgenommen, sodass der Proband unmittelbar an den Computer-Arbeitsplatz wechseln konnte, um die Items des FEW16 erneut zu skalieren. An dieser Stelle erwies sich der Einsatz des Epoc als besonders vorteilhaft, da es ohne Abtrocknen von Gel, Entfernen von Kabeln etc. abgenommen werden kann. Dies unterstützte einen schnellen Wechsel zur Psychometrie und minimierte entsprechend den Einfluss zwischenzeitlicher Gespräche, potentieller Stressoren etc., wodurch ein Zusammenhang zwischen Entspannungsübung und Messergebnis belastbarer wird. Nach dem Senden der FEW16-Einträge erhielt der Proband dann auf Wunsch vollständige Aufklärung und eine Aufmerksamkeit, und wurde verabschiedet (ein Versuchsdurchlauf dauerte etwa 70 Minuten; die verwendeten Instruktionen können im Anhang eingesehen werden [S. 77 ff.]).

Auswertung

<u>Datenaufbereitung</u>

Die EEG-Daten von vier Probanden waren nicht in der Auswertung enthalten, da sie trotz entsprechender Rückmeldung nicht vollständig von der Aufzeichnungssoftware erzeugt wurden. Hiervon entfielen 3 Probanden auf die Experimentalgruppe und 1 Proband auf die Vergleichsgruppe. Außerdem blieb 1 Proband bei der Auswertung des FEW16 unberücksichtigt, da er aufgrund Zeitmangels nicht für die Messwiederholung zur Verfügung stand. Die Gruppengrößen im EEG-Datenpool betragen daher n = 17 in der Experimentalgruppe (Vm) und n = 19 in der Vergleichsgruppe (PMR), sowie für den FEW16 n = 19 in der Experimentalgruppe und n = 20 in der Vergleichsgruppe.

Zur Auswertung wurden 146 EEG-Datensätze ({Augen geöffnet/geschlossen; m1/m2} für 36 Probanden) zunächst per Testbench (Emotiv Limited, 2016) erneut eingespielt und in Echtzeit auf ausfallende Elektroden, schlechte Signalqualität etc. überprüft. Hierbei ergaben sich keine wesentlichen Auffälligkeiten. Anschließend wurden die Daten in das European Data Format für Mehrkanalinformationen (EDF) konvertiert. Anhand dieser Daten führte die Software EEG14 (Elemaya, 2013) für jede Elektrode eine Spektralanalyse mit anschließender Powerberechnung durch, aus der für jeden Datensatz 14 Werte der α-Power resultierten. Diese Einzelwerte, insgesamt 2044, wurden dann nach Microsoft Excel übertragen und gemittelt. Im Ergebnis konnten jedem Probanden die Mittelwerte von 4 Datensätzen zugewiesen werden. Diese wurden in eine Varianzanalyse für die Faktoren Messwiederholung (m1 und m2) und Zwischengruppenfaktor (Vm oder PMR) einbezogen, die SPSS (IBM) ausführte.

Zur Auswertung des psychometrischen Datenpools wurden zunächst die Ergebnisse von 78 Testbögen ({m1/m2} für 39 Probanden) bzw. 1248 Skalierungen vom Eingabesystem (Google Documents) abgerufen. Da das System sie als verbale Zuordnungen behandelte, erfolgte im nächsten Schritt die Transformation in ein metrisches Format per Microsoft Excel. In Anlehnung an die Printversion des Fragebogens wurden hierzu Werte zwischen 0 („trifft überhaupt nicht zu") und 5 („trifft voll und ganz zu") zugewiesen, die anschließend gemittelt werden konnten. Daraus resultierten 2 Mittelwerte für jeden Probanden, die ebenfalls per ANOVA weiterbehandelt wurden.

Statistische Prämissen

Es war beabsichtigt, eine einfaktorielle Varianzanalyse mit Messwiederholung für die Fälle „α-Power bei geschlossenen Augen", „α-Power bei geöffneten Augen", „FEW16-Gesamtskala" und „FEW16-Subskala ‚Innere Ruhe'" durchzuführen, um den Einfluss des Messwiederholungsfaktors, des Zwischengruppenfaktors und eventueller Interaktionen zu beurteilen.

Eine Prüfung auf Vorliegen der Voraussetzungen für dieses Verfahren ergab jedoch Korrekturbedarf.

Normalverteilung: von einer schwerwiegenden Abweichung von der Normalverteilung wurde dann ausgegangen, wenn die Ergebnisse der Tests von Kolmogorov-Smirnov (Lilliefors-Korrektur) und Shapiro-Wilk gleichermaßen Signifikanz annahmen (Bühl, 2012, S. 274 ff). Dies war der Fall bei den Messwerten der „α-Power bei geöffneten Augen", wodurch eine Varianzanalyse der entsprechenden Daten nicht infrage kam (siehe Anhang, S. 83 ff.). Um Informationen darüber zu gewinnen, wie zuverlässig das Epoc den Berger-Effekt abbildet, wurde auf einen nichtparametrischen Test für verbundene Stichproben ausgewichen. Hierzu wurden per Wilcoxon-Verfahren die Ergebnisse aller EEG-Messungen bei geöffneten und geschlossenen Augen gegeneinander getestet.

Darüber hinaus wiesen die Ergebnisse der FEW16-Subskala Signifikanz im Kolmogorov-Smirnov-Test auf (ebd.). Geht man jedoch davon aus, dass die Teststärke des Shapiro-Wilk-Verfahrens insbesondere bei kleinen Stichproben höher ist (Schulze, 2010, S. 378), so hätte es eine ernsthafte Abweichung von der Normalverteilung ebenfalls detektieren müssen. Da dies nicht der Fall war, wurden die Ergebnisse der Subskala nicht von der Varianzanalyse ausgeschlossen, jedoch vorsichtig und in Zusammenhang mit denen der FEW16-Gesamtskala interpretiert.

Varianzhomogenität: die Ergebnisse der FEW16-Gesamtskala fielen hingegen bezüglich ihrer Varianzhomogenität auf, da ein Levene-Test auf Gleichheit der Fehlervarianzen für m1 signifikant wurde (siehe Anhang, S. 86). Gegen eine Verletzung dieser Annahme gilt die ANOVA allerdings als robust, wodurch sich lediglich eine Senkung des Signifikanzniveaus (p < .01) empfahl (Bühl, 2012, S. 525). Da das Ergebnis der FEW16-Gesamtskala höchstsignifikant ist (p = .000), wurde es unter dieser Maßgabe in die Varianzanalyse einbezogen.

Demgegenüber entsprachen die Ergebnisse der Messung der „α-Power bei geschlossenen Augen" uneingeschränkt allen Voraussetzungen.

Ergebnisse

α-Power bei geschlossenen Augen

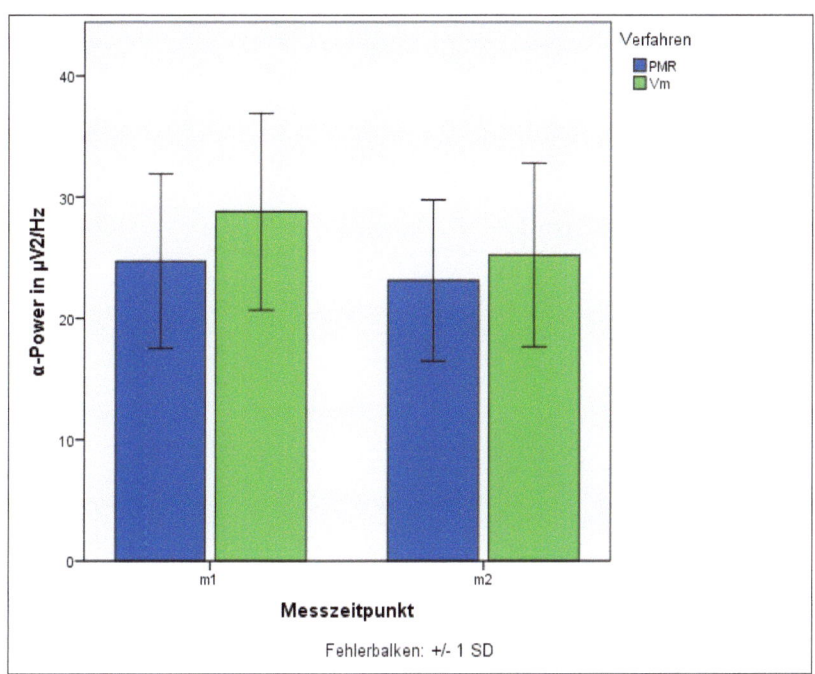

Abbildung 6: Arithmetische Mittel und Standardabweichungen der α-Power bei geschlossenen Augen (SPSS)

Bei beiden Verfahren liegt zwischen den Messungen mit geschlossenen Augen ein sehr signifikanter Unterschied der α-Power vor ($p = .002$); die Verfahren unterscheiden sich untereinander nicht signifikant ($p = .194$); Interaktionseffekte wurden nicht beobachtet ($p = .199$) [siehe Abbildung oben und Anhang, S. 87].

Die Effektstärke beträgt für Vm -1.28 und für PMR -.61 (Cohen's d).

α-Power-Vergleich zwischen Messungen mit geschlossenen und geöffneten Augen

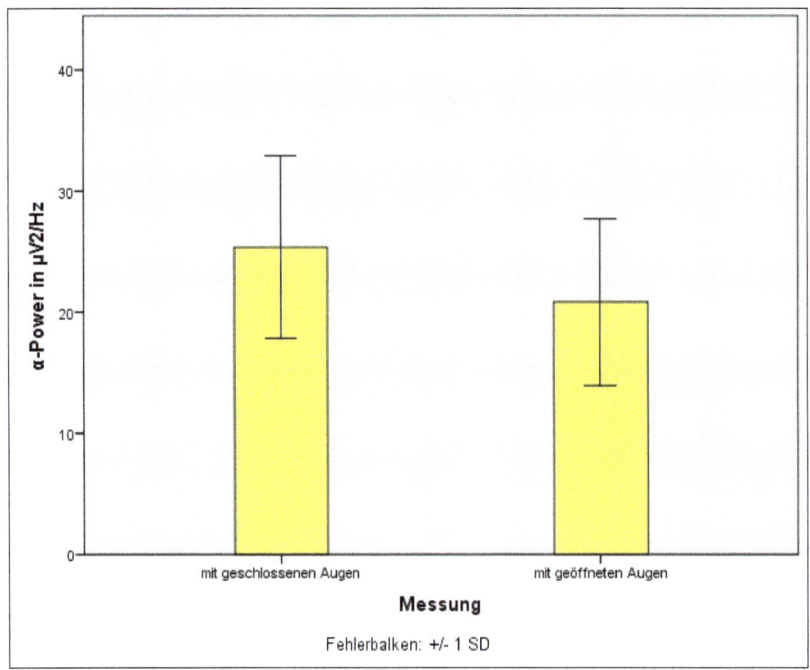

Abbildung 7: Arithmetische Mittel und Standardabweichungen der α-Power bei Messungen mit geschlossenen und geöffneten Augen (SPSS)

Zwischen allen Messungen mit geschlossenen und geöffneten Augen liegt ein höchstsignifikanter Unterschied der α-Power vor (p = .000) [siehe Abbildung oben und Anhang, S. 89].

Die Effektstärke beträgt -.48 (berechnet als $r = \frac{z}{\sqrt{N}}$; nach Keller, 2015).

Mittelwerte der FEW16-Gesamtskala

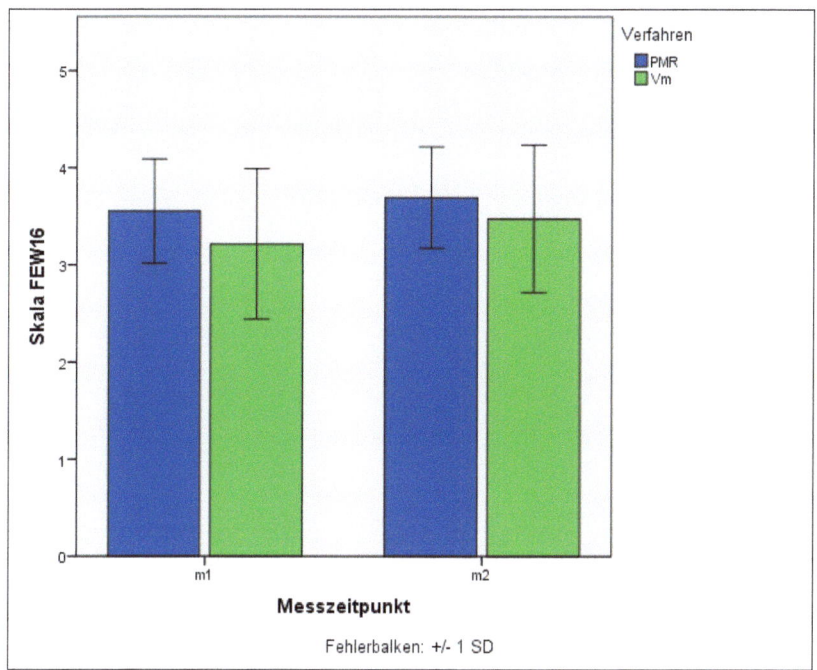

Abbildung 8: Arithmetische Mittel und Standardabweichungen bei Skalierung der FEW16-Gesamtskala (SPSS)

Bei beiden Verfahren liegt zwischen den Messungen per FEW16-Gesamtskala ein höchstsignifikanter Mittelwertsunterschied vor (p = .000); die Verfahren unterscheiden sich untereinander nicht signifikant (p = .182); Interaktionseffekte wurden nicht beobachtet (p = .223) [siehe Abbildung oben und Anhang, S. 91].

Die Effektstärke beträgt für Vm .30 und für PMR .19 (Cohen's d).

Mittelwerte der FEW16-Subskala „Innere Ruhe"

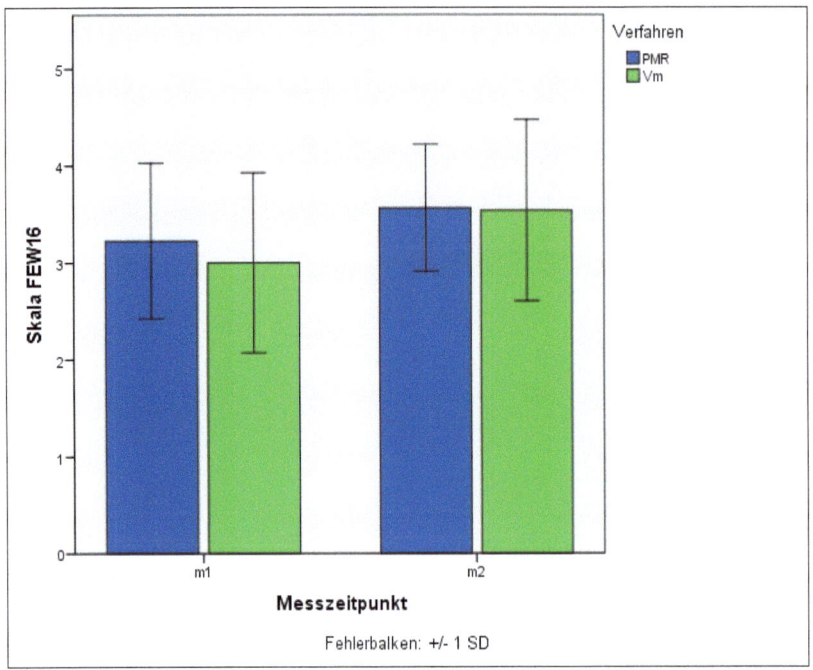

Abbildung 9: Arithmetische Mittel und Standardabweichungen bei Skalierung der FEW16-Subskala „Innere Ruhe" (SPSS)

Bei beiden Verfahren liegt zwischen den Messungen per FEW16-Subskala „Innere Ruhe" ein höchstsignifikanter Mittelwertsunterschied vor (p = .000); die Verfahren unterscheiden sich untereinander nicht signifikant (p = .619); Interaktionseffekte wurden nicht beobachtet (p = .328) [siehe Abbildung oben und Anhang, S. 93].

Die Effektstärke beträgt für Vm .56 und für PMR .40 (Cohen's d).

Überprüfung der Hypothesen

Zunächst sollen die Hypothesen anhand der physiologischen Daten (α-Power) überprüft werden.

Innersubjekteffekt (Messzeitpunkt):
$H_0: \mu_{m1} \geq \mu_{m2}; H_1: \mu_{m1} < \mu_{m2}$

Bezüglich des Innersubjekteffekts ist die Nullhypothese beizubehalten, da eine sehr signifikante Senkung der α-Power vorliegt.

Zwischengruppeneffekt (Entspannungsverfahren):
$H_0^{II}: \mu_{PMR} \geq \mu_{Vm}; H_1^{II}: \mu_{PMR} < \mu_{Vm}$

Auch bezüglich des Zwischengruppeneffekts ist die Nullhypothese beizubehalten, da die Unterschiede zwischen den Verfahren weder signifikant sind, noch in der angenommenen Richtung verlaufen.

Des Weiteren sind die Hypothesen anhand der psychometrischen Daten (Mittelwerte FEW16) zu überprüfen.

Innersubjekteffekt (Messzeitpunkt):
$H_0: \mu_{m1} \geq \mu_{m2}; H_1: \mu_{m1} < \mu_{m2}$

Bezüglich des Innersubjekteffekts kann die Nullhypothese verworfen werden, da eine höchstsignifikante Erhöhung der Mittelwerte von Gesamt- und Subskala des FEW16 vorliegt.

Zwischengruppeneffekt (Entspannungsverfahren):
$H_0^{II}: \mu_{PMR} \geq \mu_{Vm}; H_1^{II}: \mu_{PMR} < \mu_{Vm}$

Bezüglich des Zwischengruppeneffekts ist die Nullhypothese jedoch beizubehalten, da die Unterschiede zwischen den Verfahren keine Signifikanz angenommen haben.

Diskussion

Zunächst wurden Messwiederholungseffekte über alle eingesetzten Maße hinweg mindestens sehr signifikant nachgewiesen. Setzt man voraus, dass alle anderen Einflussgrößen hinreichend kontrolliert wurden, so ist davon auszugehen, dass diese Effekte auf die Anwendung der geprüften Entspannungsverfahren zurückzuführen sind.

Ein darüber hinausgehender Zwischengruppeneffekt wurde hingegen nicht festgestellt. Es ist jedoch darauf hinzuweisen, dass die Anwendung beider Verfahren bereits Mittelwertsunterschiede nach sich zog, deren Auftreten bei Gültigkeit der Nullhypothese höchst unwahrscheinlich wäre. Unter diesen Umständen hätte es demnach einer umso höheren Teststärke bedurft, um einen darüber hinausgehenden Unterschied zwischen den Verfahren zu detektieren. So er denn existiert, war dies in der vorliegenden Untersuchung nicht gegeben.

Um den Einfluss des jeweiligen Verfahrens dennoch anhand der gewonnenen Daten beurteilen zu können, ist ein Vergleich der Effektstärken gegebenenfalls zielführender.

Die FEW16-Gesamtskala stellt einen kleinen Effekt (Konvention: $d \sim .2$ [Cohen, 1992, S. 157]) für beide Verfahren fest, wobei der Effekt der Vagusmeditation deutlicher ausgeprägt ist (PMR: .19; Vm: .30). Entsprechend ihrer inhaltlichen Orientierung scheint die Subskala „Innere Ruhe" etwas sensitiver für das beeinflusste Phänomen zu sein, und weist bereits einen mittleren Effekt (Konvention: $d \sim .5$ [ebd.]) für beide Verfahren aus, wobei auch in diesem Fall die Vagusmeditation stärker ins Gewicht fällt (PMR: .40; Vm: .56). Im Rahmen der physiologischen Messung tritt die Muskelrelaxation erneut mit einem mittleren Effekt in Erscheinung (-.61), die Vagusmeditation übertrifft diesen mit einer Effektstärke von -1.28 jedoch erheblich, und weist gewissermaßen einen „ausgesprochen starken" Effekt auf (Konvention: $d \sim .8$ [ebd.]).

Betrachtet man die ermittelten Effektstärken in der Zusammenschau, fällt demnach eine konsistente Ergebnislage zugunsten der Vagusmeditation auf.

Bezieht man jedoch die Richtung der Effekte mit ein, so scheinen sich psychometrische und physiologische Daten zunächst diametral zu widersprechen. Hierauf ist auch die Ablehnung der auf die α-Power bezogenen Forschungshypothese zur Effektivität beider Verfahren zurückzuführen.

Dieser Widerspruch basiert allerdings entscheidend auf der gewählten Interpretation der α-Aktivität, und ist nicht automatisch mit einem phänomenalen Widerspruch gleichzusetzen.

Bereits im Abschnitt „Interpretation der α-Power" wurde darauf eingegangen, dass ein signifikanter Rückgang der α-Power nicht zwangsläufig als Zeichen von Desynchronisation bzw. steigendem kortikalen arousal zu werten ist. Vielmehr kommt auch ein „α-Zerfall" im Zuge sinkender Vigilanz infrage (siehe S. 36).

Die gleichzeitige Erhebung psychometrischer Daten erweist sich in diesem Zusammenhang als besonders wertvoll, da diese entscheidende Anhaltspunkte für eine Einordnung des physiologischen Messergebnisses liefern.

Es erscheint demnach schlichtweg unwahrscheinlich, dass die Probanden insbesondere den Items der Subskala („Mich kann kaum etwas aus der Ruhe bringen", „Ich bin ruhig und gelassen" etc.) innerhalb von 30 Minuten deutlich stärker zustimmten (.000), während es gleichzeitig zu einer kortikalen Desynchronisation bzw. steigendem arousal kam. Daher ist davon auszugehen, dass die α-Power in dieser Untersuchung den Aspekt einer Vigilanzminderung wiedergibt.

Akzeptiert man diese Prämisse, so kann gesagt werden, dass sich die Vagusmeditation zumindest hinsichtlich dieses Aspekts als wesentlich effektiver erwies. Die psychologischen Messungen sprechen außerdem dafür, dass sie bezüglich einer Steigerung der „Inneren Ruhe" stärker abschnitt als das etablierte Verfahren.

Obwohl das vorliegende Studiendesign keine signifikante Überlegenheit der Vagusmeditation herausstellen konnte, lassen diese Anhaltspunkte weitere Untersuchungen entsprechend lohnenswert erscheinen.

Ein letztes Wort soll der den Ergebnissen zugrunde liegenden Methodik gelten.

Zunächst muss davon ausgegangen werden, dass die vorgestellte Versuchsanordnung die Gefahr eines „experimenter bias" in sich barg, da es der Versuchsleiter selbst war, der auch die Hypothesen für die Untersuchung formulierte. Im institutionell gesteckten Rahmen einer Abschlussarbeit geschah dies jedoch absichtlich. Außerdem wurden alle denkbaren Bemühungen unternommen, diesen Einfluss gering zu halten, durch standardisierte Instruktionen, hochkonstante Versuchsabläufe u. ä.

Auch auf die Kontrolle einer Vielzahl von Störvariablen wurde Wert gelegt, um ein valides Ergebnis dahingehend zu erhalten, dass die beobachtete Varianz hauptsächlich auf die untersuchten Verfahren zurückgeführt werden kann. Ebenso wurde die Validität der verwendeten Messinstrumente sichergestellt. Insbesondere die Messung der α-Power durch das „Epoc" konnte anhand der Ergebnisse selbst zu einem gewissen Teil validiert werden. Hierfür wurde überprüft, inwiefern das Headset die regelmäßige Unterdrückung von α-Aktivität abbildet, die bei geöffneten Augen zu erwarten ist. Tatsächlich detektierte das Gerät zwischen den Messungen mit geschlossenen und geöffneten Augen einen höchstsignifikanten Unterschied (.000, Effektstärke -.48) und verhielt sich damit erwartungsgemäß.

Auch für den FEW16 wurden Validierungsdaten vorgelegt. Bei der Verwendung des Verfahrens wurde jedoch nicht ausreichend auf die Vermeidung von Abfolgeeffekten geachtet. Um eine Vergleichbarkeit der Ergebnisse zu gewährleisten, wurde zunächst dezidiert auf den Einsatz eines Verfahrens mit Parallelform verzichtet, und entsprechende Wiederholungseffekte in Kauf genommen (siehe S. 33). Hiervon wäre jedoch das Erstellen einer Pseudo-Parallelform durch randomisierte Zuweisung unterschiedlicher Item-Reihenfolgen unbeschadet geblieben. Insofern sind auch die Ergebnisse der Psychometrie als „Hinweis" zu betrachten und bedürfen dringend einer Replikation unter verbesserten Bedingungen.

Die ökologische Validität ist darüber hinaus günstiger zu bewerten, als ein experimentelles Design es erwarten lässt. Zunächst wurde vor allem durch die notwendige Kontrolle von Störvariablen eine eher „künstliche" Umgebung geschaffen. Trotzdem wurde darauf geachtet, eine Balance zwischen den Erfordernissen des Experiments und einer möglichst natürlichen Atmosphäre für den Probanden herzustellen. Außerdem wurden insbesondere für die Vagusmeditation jene Techniken ausgewählt, die eine hohe Alltagstauglichkeit aufweisen, da sie ohne besondere Ruhehaltung, und vergleichsweise „unauffällig" praktiziert werden können. Im Gegensatz zur Muskelrelaxation war die Anwesenheit einer weiteren Person daher diesbezüglich weniger ein Hemmnis, als vielmehr eine Unterstützung bei der Herstellung naturgetreuer Ausgangsbedingungen. Unter Berücksichtigung der vorgenommenen Isolation von äußeren Reizen etc. scheint eine vorsichtige Verallgemeinerung der ermittelten Resultate daher möglich.

Fazit und Ausblick

Die vorgelegte Arbeit basierte auf der Prämisse, dass Entspannungsverfahren wichtige Instrumente der allgemeinen Prävention darstellen und einer wissenschaftlichen Überprüfung ihrer Wirksamkeit prinzipiell zugänglich sind.

Als Ziel dieser Verfahren wurde das Etablieren einer Entspannungsreaktion herausgestellt, welche unter anderem als physiologisches Gegenstück der Stressreaktion definiert werden kann. Auf dieser Grundlage erfolgte die Evaluation eines neueren Ansatzes, der „Vagusmeditation" nach Schnack, anhand psychometrischer und physiologischer Variablen. Sie wurde hierzu der Progressiven Muskelrelaxation nach Jacobson gegenübergestellt, die als Vertreterin etablierter Verfahren diente.

Die Ergebnisse enthalten erste Hinweise darauf, dass es sich bei der Vagusmeditation um einen effizienteren Ansatz handeln könnte, eine signifikante Überlegenheit wurde jedoch nicht nachgewiesen.

Strittig blieb in diesem Zusammenhang auch die angemessene Interpretation des physiologischen Parameters „α-Power". Dementsprechend verdeutlichen die vorgelegten Ergebnisse unter anderem, dass physiologische Parameter stets Korrelate anderweitig definierter Zustände bleiben, da sie nicht „im Phänomen" messen, wie es die Aufgabe psychometrischer Instrumente ist.

Nichtsdestotrotz ist perspektivisch die Erhebung weiterer entspannungsrelevanter Bioindikatoren in Betracht zu ziehen, um die genaue Bedeutung der ermittelten Ergebnisse zu klären. Hierbei wären jedoch Kennwerte mit weniger ambivalenten Interpretationsmöglichkeiten zu bevorzugen, wie etwa Puls- und Atemfrequenz, Herzratenvariabilität etc. Außerdem sollten psychologische Messungen stets integraler Bestandteil des Designs bleiben, das hat die vorliegende Untersuchung klar gezeigt.

Literatur

Abele, A., & Becker, P. (1991). *Juventa-Materialien. Wohlbefinden: Theorie - Empirie - Diagnostik.* Weinheim: Juventa-Verlag.

Adrian, E. D. (1941). Afferent discharges to the cerebral cortex from peripheral sense organs. *The Journal of Physiology, 100*(2), 159–191. doi:10.1113/jphysiol.1941.sp003932

Albani, C., Blaser, G., Geyer, M., Schmutzer, G., Hinz, A., Bailer, H.,... Brähler, E. (2006). Validierung und Normierung des „Fragebogen zur Erfassung des körperlichen Wohlbefindens" (FEW-16) von Kolip und Schmidt an einer repräsentativen deutschen Bevölkerungsstichprobe. *PPmP - Psychotherapie · Psychosomatik · Medizinische Psychologie, 56*(03/04), 172–181. doi:10.1055/s-2005-915467

Aumüller, G., Aust, G., Conrad, A., Engele, J., & Kirsch, J. (2014). *Duale Reihe Anatomie.* Stuttgart: Thieme.

Basler, H., & Rehfisch, H.-P. (2016). *Progressive Muskelentspannung: Langversion ohne Musik (Audioproduktion der Techniker Krankenkasse).* Abrufbar ter: https://www.tk.de/tk/stress/ enstpannungstechniken/progressive-muskelentspannung/36272.

Bengel, J., & Mittag, O. (Eds.). (2016). *Psychologie in der medizinischen Rehabilitation: Ein Lehr- und Praxishandbuch* (1. Aufl. 2016). Berlin, Heidelberg: Springer.

Benninghoff, A., Drenckhahn, D., & Waschke, J. (2014). *Taschenbuch Anatomie* (2. Aufl.). München, Jena: Urban Fischer Verlag.

Benson, H., Greenwood, M. M., & Klemchuk, H. (1975). The Relaxation Response: Psychophysiologic Aspects and Clinical Applications. *The International Journal of Psychiatry in Medicine, 6*(1), 87–98. doi:10.2190/376W-E4MT-QM6Q-H0UM

Bernstein, D. A., Borkovec, T. D., Höfler, R., & Kattenbeck, M. (2007). *Entspannungs-Training: Handbuch der Progressiven Muskelentspannung nach Jacobson* (12. Aufl.). *Leben lernen: Vol. 16*. Stuttgart: Klett-Cotta.

Birbaumer, N. (2009). Entspannung. In H. O. Häcker, K.-H. Stapf, & C. Becker-Carus (Eds.), *Dorsch. Psychologisches Wörterbuch* (15th ed.). Bern: Huber.

Birbaumer, N., & Schmidt, R. F. (2006). *Biologische Psychologie: Mit 41 Tabellen ; [Bonusmaterial im Web]* (6., vollst. überarb. und erg. Aufl.). Heidelberg: Springer Medizin.

Bischoff, C. (1989). *Wahrnehmung der Muskelspannung: Signalentdeckungstheoretische Untersuchungen bei Personen mit Muskelkontraktionskopfschmerz*. Habilitationsschrift. Göttingen: Hogrefe.

Bradley, M., & Lang, P. (2007). The International Affective Picture System (IAPS) in the Study of Emotion and Attention. In J. Coan & J. Allen (Eds.), *Handbook of Emotion Elicitation and Assessment* (pp. 29–46). New York: Oxford University Press.

Brannon, L., & Feist, J. (2007). *Health psychology: An introduction to behavior and health* (6. ed.). Belmont: Thomson Wadsworth.

Bühl, A. (2012). *SPSS 20: Einführung in die moderne Datenanalyse* (13., aktualisierte Aufl.). München: Pearson.

Caspar, F. (2009). Entspannungstherapien. In H. O. Häcker, K.-H. Stapf, & C. Becker-Carus (Eds.), *Dorsch. Psychologisches Wörterbuch* (15th ed., pp. 264–265). Bern: Huber.

Coan, J., & Allen, J. (Eds.). (2007). *Handbook of Emotion Elicitation and Assessment*. New York: Oxford University Press.

Cohen, J. (1992). A power primer. *Psychological Bulletin, 112*(1), 155–159. doi:10.1037/0033-2909.112.1.155

Ditzen, B., & Ehlert, U. (2009). Stress und stressabhängige körperliche Störungen. In F. Petermann & D. Vaitl (Eds.), *Entspannungsverfahren. Das Praxishandbuch* (4th ed.). Weinheim: Beltz.

Elemaya. (2013). "EEG14". Software abrufbar unter: http://www.elemaya.it/XEmotivEpoc.htm.

Emotiv Limited. (2016a). *Epoc: Technical specifications*. Abrufbar unter: http://emotiv.com/epoc/.

Emotiv Limited. (2016b). *Testbench: Informationen zur Software*. Abrufbar unter: https://emotiv.zendesk.com/hc/en-us/articles/201226865-What-does-Testbench-software-include-.

Frank, R. (1991). Körperliches Wohlbefinden. In A. Abele & P. Becker (Eds.), *Juventa-Materialien. Wohlbefinden. Theorie - Empirie - Diagnostik* (pp. 71–95). Weinheim: Juventa-Verlag.

Fröhlich, W. D. (2010). *Wörterbuch Psychologie* (27., überarb. und aktualisierte Aufl.). München: Deutscher Taschenbuch-Verlag dtv.

Frohne, U. (2002). *EEG-Grundaktivität und Intelligenz. Zusammenhänge zwischen automatisch analysierter EEG-Grundaktivität und den Ergebnissen von Intelligenztestverfahren* (Dissertation). Ludwig-Maximilians-Universität München.

Gay, M.-C., Philippot, P., & Luminet, O. (2002). Differential effectiveness of psychological interventions for reducing osteoarthritis pain: a comparison of Erickson hypnosis and Jacobson relaxation. *European journal of pain, 6*(1), 1–16. doi:10.1053/eujp.2001.0263

George, M. S., Sackeim, H. A., Rush, A. J., Marangell, L. B., Nahas, Z., Husain, M. M., . . . Ballenger, J. C. (2000). Vagus nerve stimulation: a new tool for brain research and therapy. *Biological psychiatry, 47*(4), 287–295.

Gramann, K., & Schandry, R. (2009). *Psychophysiologie: Körperliche Indikatoren psychischen Geschehens* (4., vollst. überarb. Aufl.). *Grundlagen Psychologie*. Weinheim: Beltz.

Grawe, K., Donati, R., & Bernauer, F. (2001). *Psychotherapie im Wandel: Von der Konfession zur Profession* (5., unveränd. Aufl.). Göttingen: Hogrefe.

Grossman, P., Niemann, L., Schmidt, S., & Walach, H. (2004). Mindfulness-based stress reduction and health benefits. *Journal of Psychosomatic Research, 57*(1), 35–43. doi:10.1016/S0022-3999(03)00573-7

Grummett, T. S., Leibbrandt, R. E., Lewis, T. W., DeLosAngeles, D., Powers, D. M. W., Willoughby, J. O.,... Fitzgibbon, S. P. (2015). Measurement of neural signals from inexpensive, wireless and dry EEG systems. *Physiological measurement, 36*(7), 1469–1484. doi:10.1088/0967-3334/36/7/1469

Häcker, H. O., Stapf, K.-H., & Becker-Carus, C. (Eds.). (2009). *Dorsch: Psychologisches Wörterbuch* (15., überarb. und erw. Aufl.). Bern: Huber.

Hamm, A. (2000). Progressive Muskelentspannung. In F. Petermann & D. Vaitl (Eds.), *Handbuch der Entspannungsverfahren. Band 1. Grundlagen und Methoden* (2nd ed., pp. 305–336). Weinheim: Beltz.

Hamm, A. (2009). Progressive Muskelentspannung. In F. Petermann & D. Vaitl (Eds.), *Entspannungsverfahren. Das Praxishandbuch* (4th ed., pp. 143–164). Weinheim: Beltz.

Haus, K.-M., Held, C., Kowalski, A., Krombholz, A., Nowak, M., Schneider, E.,... Wiedemann, M. (Eds.). (2013). *Praxisbuch Biofeedback und Neurofeedback*. Berlin, Heidelberg: Springer Berlin Heidelberg.

Heinrichs, M., Stächele, T., & Domes, G. (2015). *Stress und Stressbewältigung. Fortschritte der Psychotherapie: Vol. 58*. Göttingen: Hogrefe.

Höger, R. (o.J.). *Methoden der Usability-Forschung: Emotionen und ihre Erfassung*. Skript zur Vorlesung. Universität Lüneburg.

Holling, H., & Schmitz, B. (Eds.). (2010). *Handbuch der Psychologie: / hrsg. von J. Bengel ... ; Bd. 13. Handbuch Statistik, Methoden und Evaluation* (1. Aufl.). Göttingen: Hogrefe.

Jacobson, E. (2006). *Entspannung als Therapie: Progressive Relaxation in Theorie und Praxis* (6th ed.). *Leben lernen*. Stuttgart: Klett-Cotta.

Kazdin, A. E. (2000). *Encyclopedia of psychology, Vol. 7*. London: Oxford University Press.

Keller, D. (2015). *Effektstärke*.
Abrufbar unter: http://www.statistik-und-beratung.de /2015/07/effektstaerke/.

Kolip, P., & Schmidt, B. (1999). Der Fragebogen zur Erfassung körperlichen Wohlbefindens (FEW 16): Konstruktion und erste Validierung. *Zeitschrift für Gesundheitspsychologie, 7*(2), 77–87.

Kramer, S., Zims, R., Simang, M., Ruger, L., & Irnich, D. (2014). Hypnotic relaxation results in elevated thresholds of sensory detection but not of pain detection. *BMC complementary and alternative medicine, 14*, 496. doi:10.1186/1472-6882-14-496

Krampen, G. (2013). *Entspannungsverfahren in Therapie und Prävention* (3., überarb. und erw. Aufl.). Göttingen: Hogrefe.

Lang, E., Joyce, J., Spiegel, D., Hamilton, D., & Lee, K. (1996). Self-hypnotic relaxation during interventional radiological procedures: effects on pain perception and intravenous drug use. *The International journal of clinical and experimental hypnosis, 44*(2), 106–119. doi:10.1080/00207149608416074

Lazarus, R., Opton, E., Nomikos, M., & Rankin, N. (1965). The principle of short-circuiting of threat: further evidence. *Journal of Personality, 33*(4), 622–635.

Lazarus, R. S., & Folkman, S. (1984). *Stress, appraisal, and coping*. New York: Springer.

Mainka-Riedel, M. (2013). *Stressmanagement - Stabil trotz Gegenwind: Wie Sie Ihren eigenen Weg zu gesunder Leistungsfähigkeit finden. SpringerLink*. Wiesbaden, s.l.: Springer Fachmedien Wiesbaden. Retrieved from http://dx.doi.org/10.1007/978-3-658-00931-1

Miu, A. C., Heilman, R. M., & Miclea, M. (2009). Reduced heart rate variability and vagal tone in anxiety: trait versus state, and the effects of autogenic training. *Autonomic neuroscience : basic & clinical, 145*(1-2), 99–103. doi:10.1016/j.autneu.2008.11.010

Nuwer, M. R., Comi, G., Emerson, R., Fuglsang-Frederiksen, A., Guerit, J. M., Hinrichs, H.,. . . Rappelsberger, P. (1999). IFCN standards for digital recording of clinical EEG. The International Federation of Clinical Neurophysiology. *Electroencephalography and clinical neurophysiology. Supplement, 52*, 11–14.

Osgood, C. (1952). The nature and measurement of meaning. *Psychological Bulletin, 49*(3), 197–237.

Pradhan, B., & Nagendra, H. (2010). Immediate effect of two yoga-based relaxation techniques on attention in children. *International journal of yoga, 3*(2), 67–69. doi:10.4103/0973-6131.72632

Quick, J. C., Wright, T. A., Adkins, J. A., Nelson, D. L., & Quick, J. D. (2013). *Preventive stress management in organizations* (2nd ed.). Washington, D.C: American Psychological Association.

Richardson, K. M., & Rothstein, H. R. (2008). Effects of occupational stress management intervention programs: a meta-analysis. *Journal of occupational health psychology, 13*(1), 69–93. doi:10.1037/1076-8998.13.1.69

Riechert, I. (2011). *Psychische Störungen bei Mitarbeitern*. Berlin, Heidelberg: Springer Berlin Heidelberg.

Rudow, B. (2014). *Die gesunde Arbeit: Psychische Belastungen, Arbeitsgestaltung und Arbeitsorganisation* (3., aktualisierte und erw. Aufl.). München: De Gruyter Oldenbourg.

Russell, J. A., & Mehrabian, A. (1977). Evidence for a three-factor theory of emotions. *Journal of Research in Personality, 11*(3), 273–294. doi:10.1016/0092-6566(77)90037-X

Rutschman, J. R. (2004). Effects of Techniques of Receptive Meditation and Relaxation on Attentional Processing. *Canadian Undergraduate Journal Of Cognitive Science*, 6–16.

Schachter, S. C., & Saper, C. B. (1998). Vagus Nerve Stimulation. *Epilepsia, 39*(7), 677–686. doi:10.1111/j.1528-1157.1998.tb01151.x

Schaller, B. (2004). Trigeminocardiac reflex. A clinical phenomenon or a new physiological entity? *Journal of neurology, 251*(6), 658–665. doi:10.1007/s00415-004-0458-4

Schandry, R. (1998). *Lehrbuch Psychophysiologie: Körperliche Indikatoren psychischen Geschehens* (Studienausg). Weinheim: Beltz.

Scheufele, P. M. (2000). Effects of progressive relaxation and classical music on measurements of attention, relaxation, and stress responses. *Journal of behavioral medicine, 23*(2), 207–228.

Schnack, G. (2012). *Der große Ruhe-Nerv: 7 Sofort-Hilfen gegen Stress und Burnout*: Kindle-Edition.

Schrader, S. (2004). *Großes Wörterbuch Psychologie: Grundwissen von A - Z ; [rund 2000 zuverlässige Angaben]* (Vollst. Taschenbuchausg). *SilverLine*. München: Compact Verl.

Schultz, J. H. (1991). *Das autogene Training: Konzentrative Selbstentspannung ; Versuch einer klinisch-praktischen Darstellung* (19., unveränd. Aufl.). Stuttgart: Thieme.

Schulze, R. (2010). Tests auf Anpassung und Assoziation. In H. Holling & B. Schmitz (Eds.), *Handbuch der Psychologie: / hrsg. von J. Bengel ... ; Bd. 13. Handbuch Statistik, Methoden und Evaluation* (1st ed., pp. 370–381). Göttingen: Hogrefe.

Selye, H. (1936). A Syndrome produced by Diverse Nocuous Agents. *Nature, 138*(3479), 32. doi:10.1038/138032a0

Selye, H. (1988). *Stress: Bewältigung u. Lebensgewinn* (2. Aufl., Neuausgabe). München, Zürich: Piper.

Sheu, S., Irvin, B. L., Lin, H. S., & Mar, C. L. (2003). Effects of progressive muscle relaxation on blood pressure and psychosocial status for clients with essential hypertension in Taiwan. *Holistic nursing practice, 17*(1), 41–47.

Tahmasebzadeh, A., Bahrani, M., & Setarehdan, S. K. Development of a robust method for an online P300 Speller Brain Computer Interface. *Neural Engineering, 6th International IEEE/EMBS Conference*, 1070–1075. doi:10.1109/NER.2013.6696122

Techniker Krankenkasse. (2013). *Bleib locker, Deutschland: TK-Studie zur Stresslage der Nation*. Hamburg: Pressestelle der Techniker Krankenkasse.

Terathongkum, S., & Pickler, R. H. (2004). Relationships among heart rate variability, hypertension, and relaxation techniques. *Journal of vascular nursing : official publication of the Society for Peripheral Vascular Nursing, 22*(3), 78-82. doi:10.1016/j.jvn.2004.06.003

Trepel, M. (2012). *Neuroanatomie: Struktur und Funktion* (5. Aufl.). München: Elsevier Urban & Fischer.

Vaitl, D. (2000). Psychophysiologie der Entspannung. In F. Petermann & D. Vaitl (Eds.), *Handbuch der Entspannungsverfahren. Band 1. Grundlagen und Methoden* (2nd ed., pp. 29–76). Weinheim: Beltz.

Vaitl, D. (2009). Neurobiologische Grundlagen der Entspannungsverfahren. In F. Petermann & D. Vaitl (Eds.), *Entspannungsverfahren. Das Praxishandbuch* (4th ed., pp. 18–36). Weinheim: Beltz.

Wellach, I. (2015). *Praxisbuch EEG: Grundlagen, Befundung, Beurteilung und differenzialdiagnostische Abgrenzung* (2., überarb. Aufl.). Stuttgart: Thieme.

Wenninger, G. (2000). *Lexikon der Psychologie. In fünf Bänden. Bd. 1. A bis E.* Heidelberg: Spektrum.

Wiedemann, M., & Krombholz, A. (2013). Biofeedback und Neurofeedback. In K.-M. Haus, C. Held, A. Kowalski, A. Krombholz, M. Nowak, E. Schneider,... M. Wiedemann (Eds.), *Praxisbuch Biofeedback und Neurofeedback* (pp. 3–23). Berlin, Heidelberg: Springer.

Wissenschaftliches Institut der Ortskrankenkassen. (2011). *Burnout auf dem Vormarsch*. Berlin: Pressestelle WIdO.

Wolpe, J. (1958). Psychotherapy by reciprocal inhibition. *Conditional reflex : a Pavlovian journal of research & therapy*, *3*(4), 234–240. doi:10.1007/BF03000093

Wundt, W. (2012). *Vorlesungen über die Menschen- und Tierseele*. Nachdruck des Originals von 1906. Paderborn: Sarastro GmbH.

Zschocke, S., & Hansen, H.-C. (2012). *Klinische Elektroenzephalographie* (3., aktualisierte und erweiterte Auflage). Berlin, Heidelberg: Springer.

Abbildungen

Abbildung 1: Stadien des Allgemeinen Adaptationssyndroms nach Selye — 3

Abbildung 2: Beziehung zwischen Stressreaktion und Erlebnisspektrum — 5

Abbildung 3: Das Transaktionale Modell nach Lazarus — 7

Abbildung 4: Beziehung zwischen hedonischer Valenz und arousal — 14

Abbildung 5: Elektroden-Anordnung des Epoc — 38

Abbildung 6: Arithmetische Mittel und Standardabweichungen der α-Power bei geschlossenen Augen — 55

Abbildung 7: Arithmetische Mittel und Standardabweichungen der α-Power bei Messungen mit geschlossenen und geöffneten Augen — 56

Abbildung 8: Arithmetische Mittel und Standardabweichungen bei Skalierung der FEW16-Gesamtskala — 57

Abbildung 9: Arithmetische Mittel und Standardabweichungen bei Skalierung der FEW16-Subskala „Innere Ruhe" — 58

Abkürzungen

ANOVA	Analysis Of Variance/Varianzanalyse
AV	Abhängige Variable
EEG	Elektroenzephalographie/-gramm
EKG	Elektrokardiogramm
EMG	Elektromyogramm
fMRI	functional magnetic response imaging, funktionelle Magnetresonanztomographie
GSR	Galvanic Skin Response, Hautleitwert
Kortex	Cortex cerebri/zerebraler Kortex, Großhirnrinde
MEG	Magnetenzephalographie/-gramm
PMR	Progressive Muskelrelaxation (nach Edmund Jacobson)
RR	Messung des systolischen und diastolischen Blutdrucks nach Riva-Rocci (Millimeter auf der Quecksilbersäule mm/Hg)
UV	Unabhängige Variable
Vm	Vagusmeditation (nach Gerd Schnack)

Anhang

Printversion FEW16	77
Allgemeine Instruktion	78
Anleitung zur Vagusmeditation nach Schnack	80
Anleitung zur Progressiven Muskelrelaxation nach Jacobson	82
Prüfung auf Normalverteilung	84
Prüfung auf Varianzhomogenität	86
ANOVA α-Power bei geschlossenen Augen	88
Wilcoxon-Test α-Power-Vergleich zwischen Messungen mit geschlossenen und geöffneten Augen	90
ANOVA FEW16-Gesamtskala	92
ANOVA FEW16-Subskala „Innere Ruhe"	94

FRAGEBOGEN ZUR ERFASSUNG DES WOHLBEFINDENS

Der folgende Fragebogen enthält eine Reihe von Aussagen zum Wohlbefinden. Die Fragen beziehen sich auf den Umgang mit dem Körper, auf Belastbarkeit und Entspannung. Bitte überlegen Sie, wie Sie sich **in den letzten drei Wochen im allgemeinen** gefühlt haben. Geben Sie dann bei den einzelnen Aussagen an, inwieweit Sie ihnen zustimmen können. Wählen Sie jeweils das Kästchen, das am besten auf Sie zutrifft.

Beantworten Sie bitte alle Fragen. Beantworten Sie die Frage auch dann, wenn Sie den Eindruck haben, eine ähnliche Frage schon einmal beantwortet zu haben.

	trifft voll und ganz zu	trifft überwiegend zu	trifft eher zu	trifft eher nicht zu	trifft kaum zu	trifft überhaupt nicht zu
Mein Körper ist robust.	☐	☐	☐	☐	☐	☐
Ich habe einen erholsamen Schlaf.	☐	☐	☐	☐	☐	☐
Mich kann kaum etwas aus der Ruhe bringen.	☐	☐	☐	☐	☐	☐
Ich wache morgens ausgeschlafen auf.	☐	☐	☐	☐	☐	☐
Mein Körper ist widerstandsfähig.	☐	☐	☐	☐	☐	☐
Ich fühle mich innerlich im Gleichgewicht.	☐	☐	☐	☐	☐	☐
Ich habe ein sicheres Gefühl für das, was meinem Körper gut tut.	☐	☐	☐	☐	☐	☐
Ich erlebe meinen Körper als leistungsfähig.	☐	☐	☐	☐	☐	☐
Nach dem Aufwachen bin ich ausgeruht	☐	☐	☐	☐	☐	☐
Ich bin körperlich belastbar.	☐	☐	☐	☐	☐	☐
Ich nehme mir Zeit, meinem Körper Gutes zu tun.	☐	☐	☐	☐	☐	☐
Ich wache morgens energiegeladen auf.	☐	☐	☐	☐	☐	☐
Ich kann es mir körperlich richtig gut gehen lassen.	☐	☐	☐	☐	☐	☐
Ich habe ein gutes Gefühl für das, was mein Körper braucht.	☐	☐	☐	☐	☐	☐
Ich bin ruhig und gelassen.	☐	☐	☐	☐	☐	☐
Ich bin ausgeglichen.	☐	☐	☐	☐	☐	☐

Bitte geben Sie zum Abschluss Ihr Alter und Ihr Geschlecht an.
Ihr Alter: .... Jahre

Sind Sie: ○ eine Frau?
 ○ ein Mann?   **Vielen Dank für Ihre Mitarbeit!**

Kolip, P. & Schmidt, B. (1999). Fragebogen zur Erfassung körperlichen Wohlbefindens (FEW 16). Zeitschrift für Gesundheitspsychologie, 7, 77-87.

Allgemeine Instruktion
_____

Ich freue mich über dein Interesse an dieser Studie und darf dich nochmals willkommen heißen.

Gegenstand der Untersuchung ist ein Entspannungsverfahren, dessen Übungen ich gleich mit dir gemeinsam durchführe. Eine Messung der Gehirnströme findet parallel – vor, während und kurz nach der Übung – statt. Das entsprechende Gerät hast du schon gesehen, es ist nun für einige Minuten auf deinem Kopf angebracht und sitzt hoffentlich angenehm. Sollte dich irgendetwas stören, lass es mich bitte wissen.

(*Feedback*).

Zunächst möchte ich eine sogenannte Baseline-Messung mit dir durchführen, erst mit geschlossenen, dann mit geöffneten Augen. Während der Entspannungsübungen kannst du dich so viel bewegen, wie du möchtest, lediglich während der beiden Baseline-Messungen bewege dich nun bitte nicht. Wenn ich dich später auffordere, die Augen zu öffnen, dann lasse den Blick bitte nur über die Graphik schräg über dir schweifen. Blick bitte nur über die Graphik schweifen lassen, Blick dabei nicht fixieren, sondern einfach in Ruhe die Graphik „abscannen". Ist soweit alles verständlich? (*Feedback*).

Und immer dann, wenn ich hier drüben sitze, kontrolliere ich das eingehende EEG-Signal oder habe selbst die Augen geschlossen, du bist also ganz „für dich".

Mache es dir nun noch einmal so richtig bequem und signalisiere mir, wenn ich anfangen darf *(Feedback)*.

Gut. Und schließe nun bitte deine Augen. Bitte nicht mehr bewegen. Und wir beginnen mit der ersten Messung... jetzt. *Zeitversetzter Aufzeichnungsbeginn.*

Eine Minute Messung.

Vielen Dank. Öffne die Augen nun bitte wieder, und lasse in der nächsten Minute deinen Blick ungezwungen über die Graphik schräg über dir schweifen. Bitte nicht bewegen. Nur die Graphik ansehen. Blick nicht fixieren, sondern über die Graphik schweifen lassen.

Eine Minute Messung.

Mache es dir nun noch einmal so richtig bequem. Entspannungsreaktionen stellen sich ganz von selbst ein, du musst gar nichts weiter tun, folge einfach meiner Anleitung. Sobald du eine angenehme Position gefunden hast, schließe bitte die Augen.

PMR: *Anleitung (siehe Instruktion, S. 81 f.) und selbständige Durchführung, 10 min.*

Vm: *Übungsphase (siehe Instruktion, S. 79 f.), etwa 4 – 5 min.*

Fühlst du dich nun sicher, was die Übungen angeht *(Feedback)?*

Gut. Dann wechsele ich jetzt meinen Platz, sage die Übungen jeweils noch einmal an, und du wiederholst sie dabei selbständig.

Anleitung (ebd.) und selbständige Durchführung, Restzeit bis 10 min.

Anweisung vor der Messphase:

Und verbleibe nun noch etwas im gegenwärtigen Zustand und lasse die Augen dabei geschlossen, während ich schon die letzten Messungen vornehme. Bitte nicht bewegen. Nutze einfach die Zeit, um noch etwas auszuruhen.

Eine Minute Messung.

Dankeschön. Augen nun bitte wieder öffnen und über die Graphik schweifen lassen. Bitte nicht bewegen. Nur die Graphik ansehen. Blick nicht fixieren, sondern über die Graphik schweifen lassen.

Eine Minute Messung.

Vielen Dank. Bewegung ist jetzt wieder erlaubt. Einfach strecken und dehnen, so wie es dir angenehm ist. *Abnehmen des Headsets. Rückstellen des Stuhles in Ausgangsposition.* Wenn du soweit bist, wechsele bitte noch einmal zum Computerarbeitsplatz und fülle den Fragebogen aus.

Anleitung zur Vagusmeditation nach Schnack

Text: formuliert in Anlehnung an Schnack, 2012, S. 44 ff.

Es kann sein, dass dir einige der Muskeln, die ich mit dir aktivieren möchte, noch unvertraut sind. Im ersten Übungsteil sitze ich daher vor dir. Wenn eine Anleitung schwierig umzusetzen ist, öffnest du einfach die Augen, ich gebe dir dann gerne Hilfestellung und wir führen die Übung gemeinsam durch. Sobald du mit den Übungen vertraut bist, entferne ich mich, du kannst dann die Augen schließen und in Ruhe selbständig den Wiederholungen folgen.

Nervus oculomotorius/Musculus rectus medialis/Musculus ciliaris

(Adduktion der Augäpfel/Nahakkomodation)

Während der ersten Übung aktivieren wir die innere Augenmuskulatur. Bitte Augen dafür zunächst öffnen. Später kannst du die Augen geschlossen lassen, während du die Muskeln, wie gelernt, erneut aktivierst.

Behalte deinen Kopf locker in der Ausgangsstellung und sehe nach unten. Wenn du nun nach unten siehst, bewege deine Augen zueinander, zur Nasenspitze hin. Drehe deine Augäpfel zur Mitte, als wenn du längere Zeit deine Nasenspitze betrachten wolltest. Du solltest nun tatsächlich ein wenig auf deine Nase sehen können. Du beginnst eventuell etwas zu „schielen". Vielleicht spürst du auch, wie sich der Muskel zwischen deinen Augen bemerkbar macht, sobald du deine eigene Nase sehen kannst. Behalte diese Stellung eine Weile bei. Sie sollte angenehm sein. Schließe nun deine Augen. Halte weiter die Augen nach innen zueinander gerichtet und spüre nach dem Muskel zwischen deinen Augen.

Feedback, ggf. weitere Instruktionen, Korrektur

Nervus facialis/Musculus occipitalis

Für die zweite Übung gehen wir zur Stirnmuskulatur über. Bei Anspannung oder längerer Bildschirmarbeit kannst du feststellen, dass deine Stirn eine Falte bildet. Diese Falte kannst du aber auch bewusst lösen.

Schließe die Augen. Stell dir vor, du willst nun deine Augenbrauen zur Seite ziehen und nach unten.

Zur Seite und nach unten. Die Bewegung nach unten erreicht dabei auch die Ohren. Auch die Ohren ziehen nach unten. Die gesamte obere Gesichtsregion zieht zur Seite und nach unten. Deine Stirn wird dadurch ganz glatt.

Feedback, ggf. weitere Instruktionen, Korrektur

Nervus glossopharyngeus/Nervus vagus/Musculus palatoglossus

Für die dritte Übung aktivierst du die Muskulatur der Zunge und des Rachens. Rolle dazu im Mund ein wenig die Zunge ein und lege die Spitze an den oberen Gaumen. Lege die Spitze der Zunge an den oberen Gaumen und behalte sie dort, als wenn sie festklebte.

Tu nun so, als würde die Spitze der Zunge am Gaumen festkleben und du wolltest sie dort wegziehen. Behalte die Zungenspitze am Gaumen und stelle einen Zug nach hinten-unten her. Nach wenigen Momenten solltest du auch die zugehörigen Muskeln fühlen. Eine Spannung zieht dabei zu beiden Seiten der Zunge bis in den Hals hinunter.

Feedback, ggf. weitere Instruktionen, Korrektur

Bei sicherer Durchführung Wiederholung aller drei Übungen mit geschlossenen Augen und ohne „Überwachung" durch den Versuchsleiter.

Anleitung zur Progressiven Muskelentspannung nach Jacobson

Text: entnommen aus Audio-Produktion der Techniker Krankenkasse (Basler & Rehfisch, 2016) und adaptiert in vertrauliche Anrede

Wenn wir gleich mit den Übungen beginnen, achte darauf, die Muskeln nur leicht anzuspannen – so leicht, dass du die Anspannung gerade noch spüren kannst. Nicht mehr. Es genügt völlig, wenn du den Unterschied zwischen Anspannung und Entspannung gerade wahrnehmen kannst.

Wichtig ist, dass du dabei gleichmäßig und ruhig weiteratmest. Achte darauf, dass du den Atem nicht anhältst, wenn du einen Muskel anspannst. Atme gleichmäßig und ruhig weiter.

Beginnen wir nun mit den Übungen.

Konzentriere dich zunächst auf deine Hände. Spüre, wie deine Hände aufliegen, wie sie sich anfühlen. Mache nun eine ganz leichte Faust mit beiden Händen. Achte auf das ganz leichte Gefühl der Anspannung und atme dabei ruhig weiter… Mit dem nächsten Ausatmen lässt du die Hände wieder locker und entspannen. Konzentriere dich weiter auf die Muskeln in den Fingern, den Händen, und dem Unterarm. Spüre, wie sich diese Muskeln nach dem Loslassen der leichten Anspannung anfühlen. Spüre Sie den Unterschied zwischen der leichten Anspannung vorhin und dem Loslassen der Muskeln jetzt. Solltest du das Gefühl haben, keinen Unterschied zu spüren, so ist auch das in Ordnung. Bleibe einfach mit deiner Aufmerksamkeit bei den Muskeln, die gerade angespannt waren.

Wir machen nun weiter mit den Oberarmen. Als nächstes spannst du die Oberarme an, indem du die Arme mit geöffneter Hand leicht anwinkelst. Mache dies jetzt. Achte auf dieses leichte Gefühl der Anspannung. Atme weiter… Mit dem nächsten Ausatmen lässt du die Arme sinken. Lege deine Hände wieder ganz bequem auf. Lasse die Oberarmmuskulatur wieder los. Achte auf die Muskeln, darauf, wie sie sich jetzt nach dem Loslassen anfühlen und lasse ganz locker.

Richte nun deine Aufmerksamkeit auf die Rückenmuskulatur. Spanne diese an, indem du den Bauch ganz leicht nach vorne schiebst und ein leichtes Hohlkreuz machst. Mache dies jetzt. Achte auf dieses leichte Gefühl von Anspannung im Rückenbereich. Atme ruhig weiter… Mit dem nächsten Ausatmen lässt du wieder locker und entspannst. Lehne den Rücken bequem an. Spüre den Unterschied zwischen der leichten Anspannung und dem Loslassen der Muskeln. Lasse ganz locker.

Als nächstes spannst du die Bauchmuskulatur an. Ziehe dazu den Bauch etwas ein. Mache dies jetzt. Achte dabei auf das leichte Gefühl von Anspannung im Bauchbereich. Atme weiter… Mit dem nächsten Ausatmen lässt du wieder locker und entspannst. Lasse wieder alle Anspannung aus dem Bauchbereich entweichen. Spüre, wie sich dieses leichte Gefühl von Anspannung langsam auflöst. Lasse ganz locker.

Gehen wir nun über zu den Beinen. Spanne deine Oberschenkel leicht an. Mache dies jetzt. Achte auf dieses ganz leichte Gefühl von Anspannung. Atme ruhig weiter… Nimm nun auch die Waden hinzu, indem du die Füße etwas anhebst. Mache dies jetzt. Achten Sie auf das leichte Gefühl von Anspannung in der Beinmuskulatur. Atme weiter… Mit dem nächsten Ausatmen lässt du wieder locker und entspannst. Spüre, wie dieses leichte Gefühl von Anspannung sich auflöst. Lasse ganz locker.

Spanne zum Abschluss die Füße an. Krümme die Zehen dazu leicht nach oben. Mache dies jetzt. Achte auf dieses nur ganz leichte Gefühl von Anspannung in den Füßen. Atme ruhig weiter… Mit dem nächsten Ausatmen lässt du wieder locker und entspannst. Spüre, wie dieses leichte Gefühl von Anspannung im Fuß sich langsam auflöst. Lasse ganz locker.

Prüfung auf Normalverteilung

α-Power bei geschlossenen Augen

Tests auf Normalverteilung

	Verfahren	Kolmogorov-Smirnov[a]			Shapiro-Wilk		
		Statistik	df	Signifikanz	Statistik	df	Signifikanz
m1	PMR	,123	19	,200*	,929	19	,168
	Vm	,117	17	,200*	,963	17	,681
m2	PMR	,118	19	,200*	,970	19	,777
	Vm	,077	17	,200*	,974	17	,889

α-Power bei geöffneten Augen

Tests auf Normalverteilung

	Verfahren	Kolmogorov-Smirnov[a]			Shapiro-Wilk		
		Statistik	df	Signifikanz	Statistik	df	Signifikanz
m1	PMR	,286	19	,000	,796	19	,001
	Vm	,158	17	,200*	,873	17	,025
m2	PMR	,127	19	,200*	,920	19	,111
	Vm	,117	17	,200*	,968	17	,782

FEW16-Gesamtskala

Tests auf Normalverteilung

		Kolmogorov-Smirnov[a]			Shapiro-Wilk		
	Verfahren	Statistik	df	Signifi-kanz	Statistik	df	Signifi-kanz
m1	PMR	,151	20	,200*	,970	20	,756
	Vm	,173	19	,138	,920	19	,112
m2	PMR	,120	20	,200*	,976	20	,866
	Vm	,099	19	,200*	,965	19	,669

FEW16-Subskala „Innere Ruhe"

Tests auf Normalverteilung

		Kolmogorov-Smirnov[a]			Shapiro-Wilk		
	Verfahren	Statistik	df	Signifi-kanz	Statistik	df	Signifi-kanz
m1	PMR	,140	20	,200*	,937	20	,209
	Vm	,133	19	,200*	,965	19	,667
m2	PMR	,163	20	,172	,944	20	,282
	Vm	,221	19	,016	,931	19	,179

*. Dies ist eine untere Grenze der echten Signifikanz.
a. Signifikanzkorrektur nach Lilliefors

Prüfung auf Varianzhomogenität

α-Power bei geschlossenen Augen

Levene-Test auf Gleichheit der Fehlervarianzen[a]

	F	df1	df2	Sig.
m1	,003	1	34	,956
m2	,098	1	34	,756

Prüft die Nullhypothese, daß die Fehlervarianz der abhängigen Variablen über Gruppen hinweg gleich ist.
a. Design: Konstanter Term + Verfahren
  Innersubjektdesign: Messwiederholung

α-Power bei geöffneten Augen

Levene-Test auf Gleichheit der Fehlervarianzen[a]

	F	df1	df2	Sig.
m1	,063	1	34	,804
m2	,270	1	34	,607

FEW16-Gesamtskala

Levene-Test auf Gleichheit der Fehlervarianzen[a]

	F	df1	df2	Sig.
m1	7,869	1	37	,008
m2	2,565	1	37	,118

FEW16-Subskala „Innere Ruhe"

Levene-Test auf Gleichheit der Fehlervarianzen[a]

	F	df1	df2	Sig.
m1	1,431	1	37	,239
m2	1,698	1	37	,201

ANOVA α-Power bei geschlossenen Augen

Deskriptive Statistiken

	Verfahren	Mittelwert	Standardabweichung	N
m1	PMR	24,707143	7,2085401	19
	Vm	28,802101	8,1029386	17
	Gesamt	26,640873	7,8126437	36
m2	PMR	23,104887	6,6502992	19
	Vm	25,218908	7,5898277	17
	Gesamt	24,103175	7,0869336	36

ANOVA α-Power bei geschlossenen Augen

Tests der Innersubjekteffekte

Quelle		F	Sig.
Messwiederholung	Sphärizität angenommen	11,750	,002
	Greenhouse-Geisser	11,750	,002
	Huynh-Feldt	11,750	,002
	Untergrenze	11,750	,002
Messwiederholung * Verfahren	Sphärizität angenommen	1,715	,199
	Greenhouse-Geisser	1,715	,199
	Huynh-Feldt	1,715	,199
	Untergrenze	1,715	,199
Fehler(Messwiederholung)	Sphärizität angenommen		
	Greenhouse-Geisser		
	Huynh-Feldt		
	Untergrenze		

Tests der Zwischensubjekteffekte

Quelle	Quadratsumme vom Typ III	df	Mittel der Quadrate	F	Sig.
Konstanter Term	46520,827	1	46520,827	471,509	,000
Verfahren	172,946	1	172,946	1,753	,194
Fehler	3354,563	34	98,664		

Wilcoxon -Test α-Power-Vergleich

zwischen Messungen mit geschlossenen und geöffneten Augen

Deskriptive Statistiken

	N	Mittelwert	Standardabweichung	Minimum	Maximum	Perzentile		
						25.	50. (Median)	75.
Augen Geschlossen	72	25,372024	7,5153266	12,0786	43,0571	18,880357	25,825000	30,976786
Augen-Geöffnet	72	20,828333	6,8613323	11,7786	47,3500	15,703571	19,407143	25,012500

Ränge

		N	Mittlerer Rang	Rangsumme
AugenGeöffnet - AugenGeschlossen	Negative Ränge	57[a]	41,19	2348,00
	Positive Ränge	15[b]	18,67	280,00
	Bindungen	0[c]		
	Gesamt	72		

a. AugenGeöffnet < AugenGeschlossen

b. AugenGeöffnet > AugenGeschlossen

c. AugenGeöffnet = AugenGeschlossen

Statistik für Test[a]

	AugenGeöffnet - AugenGeschlossen
Z	-5,803[b]
Asymptotische Signifikanz (2-seitig)	,000

a. Wilcoxon-Test

b. Basiert auf positiven Rängen.

ANOVA FEW16-Gesamtskala

Deskriptive Statistiken

	Verfahren	Mittelwert	Standardabweichung	N
m1	PMR	3,553125	,5366023	20
	Vm	3,215789	,7730356	19
	Gesamt	3,388782	,6754372	39
m2	PMR	3,693750	,5209035	20
	Vm	3,475221	,7603506	19
	Gesamt	3,587287	,6494363	39

ANOVA FEW16-Gesamtskala

Tests der Innersubjekteffekte

Quelle		F	Sig.
Messzeitpunkt	Sphärizität angenommen	17,430	,000
	Greenhouse-Geisser	17,430	,000
	Huynh-Feldt	17,430	,000
	Untergrenze	17,430	,000
Messzeitpunkt * Verfahren	Sphärizität angenommen	1,537	,223
	Greenhouse-Geisser	1,537	,223
	Huynh-Feldt	1,537	,223
	Untergrenze	1,537	,223
Fehler(Messzeitpunkt)	Sphärizität angenommen		
	Greenhouse-Geisser		
	Huynh-Feldt		
	Untergrenze		

Tests der Zwischensubjekteffekte

Quelle	Quadratsumme vom Typ III	df	Mittel der Quadrate	F	Sig.
Konstanter Term	946,418	1	946,418	1162,054	,000
Verfahren	1,505	1	1,505	1,848	,182
Fehler	30,134	37	,814		

ANOVA FEW16-Subskala „Innere Ruhe"

Deskriptive Statistiken

	Verfahren	Mittelwert	Standardabweichung	N
m1	PMR	3,225000	,8025453	20
	Vm	3,000000	,9279607	19
	Gesamt	3,115385	,8619252	39
m2	PMR	3,562500	,6533064	20
	Vm	3,539474	,9363907	19
	Gesamt	3,551282	,7930195	39

Tests der Innersubjekteffekte

Quelle		F	Sig.
Messzeitpunkt	Sphärizität angenommen	18,556	,000
	Greenhouse-Geisser	18,556	,000
	Huynh-Feldt	18,556	,000
	Untergrenze	18,556	,000
Messzeitpunkt * Verfahren	Sphärizität angenommen	,984	,328
	Greenhouse-Geisser	,984	,328
	Huynh-Feldt	,984	,328
	Untergrenze	,984	,328
Fehler(Messzeitpunkt)	Sphärizität angenommen		
	Greenhouse-Geisser		
	Huynh-Feldt		
	Untergrenze		

Tests der Zwischensubjekteffekte

Quelle	Quadratsumme vom Typ III	df	Mittel der Quadrate	F	Sig.
Konstanter Term	865,271	1	865,271	725,000	,000
Verfahren	,300	1	,300	,251	,619
Fehler	44,159	37	1,193		

Danksagungen

Besonderer Dank gilt den Professoren Dr. Rainer Höger und Dr. med. Gerd Schnack für wertvolle inhaltliche Anregungen, sowie Dipl.-Psych. Wiebke Melcher, für geduldiges Zuhören und fachkundigen Rat.